数字媒体时代的传播
算法、市场与私域流量

白　瑜◎著

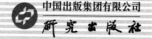

中国出版集团有限公司
研究出版社

图书在版编目（CIP）数据

数字媒体时代的传播：算法、市场与私域流量 / 白

瑜著. -- 北京：研究出版社，2024.8. -- ISBN 978-7-5199-1710-4

Ⅰ. G206.2

中国国家版本馆CIP数据核字第20241J1N04号

出 品 人：陈建军
出版统筹：丁　波
责任编辑：张　璐

数字媒体时代的传播
SHUZI MEITI SHIDAI DE CHUANBO

算法、市场与私域流量

白　瑜　著

研究出版社 出版发行

（100006　北京市东城区灯市口大街100号华腾商务楼）

三河市金泰源印务有限公司印刷　新华书店经销

2024年10月第1版　2025年3月第1次印刷

开本：710毫米×1000毫米　1/16　印张：12.75

字数：185千字

ISBN 978-7-5199-1710-4　定价：58.00元

电话（010）64217619　64217652（发行部）

序
PREFACE

在数字化浪潮席卷而来的当下，信息传播方式的变革不断重塑着我们的社会结构和日常生活。《数字媒体时代的传播：算法、市场与私域流量》一书为我们揭示了传播格局在数字媒体时代发生的深刻变革。作者通过深入分析算法、市场与私域流量之间的相互作用，展现了一个充满机遇与挑战的传播新世界。

作者用生动的案例和详实的数据，将抽象的理论具象化，同时还对未来趋势进行了预测，旨在深入探讨这一变革背后的动力机制、市场空间和关键变量，如何共同塑造了当代的传播格局。

一、关键词

作者梳理了数字媒体技术的发展脉络。算法作为动力机制，改变了信息的分发方式，重塑了认知世界。市场作为空间和场域，为信息传播提供了广阔的舞台。而私域流量的崛起，则进一步加剧了市场竞争，使得传播策略变得更加复杂多变。

算法（Algorithm）：作为数字媒体时代的核心动力，算法不仅驱动了信息的个性化分发，也重塑了内容生产和消费的模式。它是信息筛选、推荐和呈现的智能基础。

市场（Market）：市场在这里指的是信息传播和交换的空间，它不仅包括传统的广告市场，更涵盖了内容创造者与消费者之间的互动平台。

私域流量（Private Domain Traffic）：私域流量代表了一种新的用户管理和运营模式，它强调品牌与用户之间的直接联系，以及通过建立信任和忠诚度来实现长期价值。

二、新意小结

本书的新颖之处在于：

1. 跨学科视角：作者主要研究领域是传播学，同时修习了经济学、社会学、金融学、国际法等多个学科，因而看问题总能从跨学科视角进行解读。传播学、经济学、社会学等多个学科的理论与方法，在《数字媒体时代的传播：算法、市场与私域流量》一书中产生"化学反应"，从多个学科视角全面分析数字媒体时代的传播现象。

2. 复合型研究方法：通过问卷调查、案例分析等实证研究方法，深入探讨私域流量市场的运作机制。

3. 技术与市场的结合：深入分析了人工智能、5G、大数据等前沿技术如何与市场结合，推动私域流量的发展。

4. 未来展望：不仅回顾历史，更展望未来，预测了数字媒体时代传播的发展趋势和潜在影响。

三、与类似书刊的不同点

与市场上现有的关于数字媒体传播的书籍相比，本书的独特之处在于：

1. 私域流量的深度剖析：专注于私域流量的概念、特征及其在数字媒体时代的重要性。

2. 技术驱动的视角：强调技术进步如何推动传播模式的演变，以及这些技术如何被市场所采纳和利用。

3. 中国市场的本土化分析：特别关注中国市场的发展特点和趋势，为读者提供了本土化的视角和案例。

四、不足和缺陷

尽管本书力求全面和深入，但仍存在一些不足之处：

1. 文章写作比较散，不是特别聚焦。

2. 案例选择的局限性：受限于篇幅和研究资源，书中的案例很难涵盖所有类型的私域流量实践。

3. 技术发展的快速变化：数字媒体技术日新月异，书中的某些分析需要不断更新。书中在探讨私域流量时，还可以进一步拓展其背后的商业模式和盈利机制。私域流量的开发与利用，不仅仅是技术问题，也须促进商业模式的创新。

4. 理论的深入性：在某些章节，理论的探讨可能未能达到预期的深度，未来研究可以进一步拓展。

龚文库

2024年7月10日

目录
CONTENTS

1

第三章　数字媒体时代下人工智能、物联网和云计算技术对流量市场的塑造 ············ 037

第六章　数字媒体时代下算法的应用场景和发展路径

第一章

Chapter 1

绪　　论

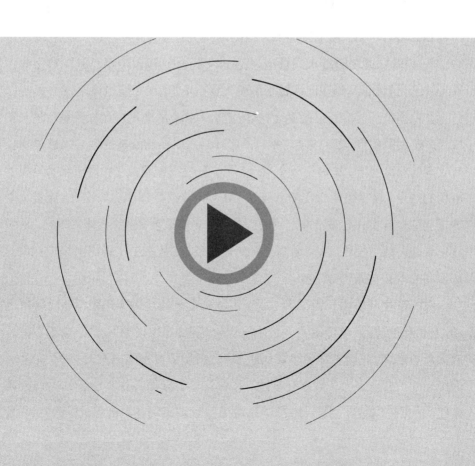

数字媒体技术给信息传播方式带来翻天覆地的变化，算法是动力机制，市场是空间和场域，私域流量是引起变化的最大变量，它们之间的相互作用带来传播格局的变化。

值得注意的是，中国互联网商业增长红利正在消失，而流量市场蓬勃发展。一方面，中国互联网及移动互联网伴随网络渗透率持续攀升，人口红利增量空间进一步缩小，中国互联网络信息中心最新数据显示，中国网络用户规模（7.8亿人）增长见顶，电商平台与品牌获客成本持续上升，进一步压缩利润空间。截至2020年12月，中国手机网民规模为9.86亿人，网民使用手机上网比例达99.7%，增量市场已经接近饱和；另一方面，工业和信息化部数据显示，全年移动互联网接入流量达2618亿GB，比上年增长18.1%，月户均接入流量（DOU）达到15.2GB/户·月，较上年提高1.84GB/户·月；固定宽带的接入流量增长达47.2%；物联网终端的接入流量增速达64.4%。中国流量市场总量在数字时代人工智能、云计算和物联网等技术的叠加影响下，呈现井喷趋势。

在此消彼长的市场态势下，以私域流量为特点的老用户存量流量市场开发成为产业发展重点。2011年起，零售品牌开始采取私域流量管理方式破局增长与成本的双重挤压，2019年至今，私域流量管理服务成为互联网市场乃至线下市场的热点。数字媒体时代随着算法、算力和数据处理能力的提升，流量为主的投放型运营模式会被精准定制的服务型广告模式所取代。具体表现在：从粗放思维转向精细投放，从调词调价转向页面策划，从多渠道转向主渠道深耕，从控制成本转向提高转化率。

中国数字经济增长需要新工具。中国电商市场是世界最发达、活跃的市场，在供给侧改革、可持续发展、振兴实体经济等思想指导下，效率与消费提振成为市场焦点，政府多部门印发《加快培育新型消费实施方案》中对促消费、保民生的消费业态有了数字化要求，私域流量管理服务在其中起到关键推动作用。根据亿欧智库测算，2022年私域流量管理市场达4187亿元，近5年复合增长率为24.52%。

传播学科的研究重点从传统意义上传播内容、类型和效果的研究，更大程度上转向对于社会生活方方面面的媒介化改造、媒介化对于社会公共空间的重构等方面。传播机制、传播模式和传播逻辑在非内容领域里的角色、功能和作用方式是未来传播学研究的"基本盘"。

由于物联网技术的成熟，数据产生方式经历了被动产生—主动产生—自动产生三个阶段，目前数据产生已进入第三阶段。在数字时代，物联网、云计算、人工智能相互支撑、相互推动。这三者的关系是什么呢? 云计算为大数据提供了技术基础，大数据为云计算提供用武之地；物联网是大数据重要来源，大数据为物联网数据分析提供支撑；云计算为物联网提供海量数据存储能力，物联网为云计算技术提供广阔的应用空间。互为基础又相互促进，可以看成一个整体。

伴随着人类社会数字化程度的不断提升，媒体技术渗透到社会生产生活的各个环节。在一个"数据霸权"的时代，当数据已经成为社会运行过程中最为重要的洞察手段和驱动能量的发展阶段上，专业媒体要通过对数据源的掌控、数据价值的开发以及数据算法的应用，来为整个社会的内容生产提供相应的供需匹配、渠道驱动、场景配置以及评价治理这方面的指导与服务。很显然，在未来的发展格局中，数据会成为整个内容传播以及整个社会运作中的一个关键性的动力源，掌握了数据就等于掌握了传播，掌握了社会的运作。媒体技术渗透到社会生产生活的各个环节。算法作为数字经济奠基石和信息技术"幕后规划师"，流量作为数字经济基本信息形态的角色日益凸显，它们逐渐从"幕后"走向"前台"。

数字媒体技术是数字经济的关键生产要素，数字技术包括网络技术、硬件技术和软件技术，人工智能、大数据、云计算、物联网、虚拟现实等都属于新一代数字技术。算法是数字技术的核心，不断提升网络、硬件、软件的支撑能力；在新一代数字技术中，流量对于媒体形态和社会形态的重塑，起着关键作用。

数字传播技术的发展持续推动着媒介形态和信息传播模式的变化：从Web1.0时期的门户网站到Web2.0时期的社交媒体，到内容聚合平台，再到智能算法支撑的机器人写作和智能主播等，传播生态格局正在被新一代信息与传播技术重塑。

本研究以第四次科技革命背景下数字时代的私域流量市场为研究对象，对私域流量的信息传播机制进行研究，基于以下四个方面的研究目标展开深入探讨：

第一，识别现象。界定什么是流量市场，并以此为基础界定私域流量内涵，构建和测算模型指标。

第二，构建空间分析框架。本研究在现有研究基础上，提出一种以个体传播、群体传播信息流动来描述组织传播信息流动的方法，并研究数字经济时代用户作为信息传播主体的私域流量市场的动力学过程，揭示传播成本、产业政策、品牌口碑、传播机能以及传播者自身动力等因素是影响私域流量市场的重要动力学机制。

第三，综合问卷分析及各类分析方法。结合我国不同地区和地级市层面的中观产业数据和微观个体数据，对流量市场的经济学属性进行实证检验，为理论分析提供实证依据。

第四，根据理论与实证研究结果，提出合理、积极、稳妥协调发展的基本思路和对策措施。

第一节　算法、市场与私域流量

数字媒体是以信息科学和数字技术为主导，以大众传播理论为依据，以现代艺术为指导，将信息传播技术应用到文化、艺术、商业、教育和管理领域的科学与艺术高度融合的综合交叉学科。数字媒体包括了图像、文字、音频、视频等各种形式，以及传播形式和传播内容中采用数字化，即信息的采集、存取、加工和分发的数字化过程。[1]

新媒体的本质特征，应该从媒体互动的新方式、媒体技术的新融合、媒体产品的互相依赖与交叠等众多因素中去寻找。在当今时代，我们倾向于将"新媒体"理解为"以数字媒体为核心的新媒体"，它是通过数字化交互性的固定或即时移动的多媒体终端向用户提供信息和服务的传播形态。[2]

一、数字媒体时代算法的概念与范畴

算法（Algorithm）是指解题方案的准确而完整的描述，是一系列解决问题的清晰指令，算法代表着用系统的方法描述解决问题的策略机制。也就是说，能够对一定规范的输入，在有限时间内获得所要求的输出。一个算法的优劣可以用空间复杂度（算法需要消耗的内存空间）与时间复杂度（执行算法所需要的计算工作量）来衡量。

算法具有五个主要要件：一是有穷性，即算法必须能在执行有限个步骤之后终止；二是确切性，即算法的每一步骤必须有确切的定义；三是输入项，即一个算法有0个或多个输入，以刻画运算对象的初始情况，所谓0个输入是指算法本身定出了初始条件；四是输出项，即一个算法有一个或多个输出，以反映对输入数据加工后的结果；五是有效性，即算法中执行的任何计算步骤都是可以被分解为基本的可执行的操作步骤，即每个计算步骤都可以在有限时间内完成。

算法是指一系列解决某个问题的指令，通过自动计算机程序来实现。与算法相关的学术研究领域包括以下几点。

算法设计：研究如何设计有效、高效、正确的算法，以解决特定问题。

算法复杂性理论：研究算法的时间复杂度和空间复杂度，以及它们之间的关系。

① 张竝.数字媒体时代的三维动画变革研究[D].黑龙江：哈尔滨师范大学，2010.
② 廖祥忠.何为新媒体?[J].现代传播（中国传媒大学学报），2008，No.154（05）：121-125.

算法分析：研究算法的性能，以及它们在不同情况下的表现。

算法应用：研究如何将算法应用于实际问题，以获得有效的解决方案。

数据结构：研究如何存储和组织数据，以便算法能够有效地访问和操作它们。

图论：研究如何在图中表示和解决问题，以及如何使用图论算法解决实际问题。

随机算法：研究如何利用随机数据来解决问题，以及如何有效地使用随机算法。

二、数字媒体时代流量市场的概念与范畴

1.流量市场

流量市场本质上是围绕网络通信的数据流量构建的市场。人口基数与密集并且重叠的流量数呈现正相关关系。流量市场是供需双方基于对作为交易商品的流量价值的认同，而逐步出现的由公开竞价、私有竞价、首选交易等多种交易方式构成的价值交换系统。买卖双方基于核心主体业务服务体验进行最高营收的流量售卖。

流量是指支持网络通信的数据流量，它是指网络中传输的数据量，以字节为单位。关于流量市场的主要靠考量因素包括以下几点。

流量优化：研究如何通过调整系统参数、应用程序、路由器等来优化网络流量，以提高网络性能。

流量分析：通过分析网络流量，从数据中提取有价值的信息，以改善网络的性能和可靠性。

流量控制：研究如何利用网络流量控制协议来实现网络可靠性。

流量模型：研究网络流量模型，以有效地捕获网络流量的特征和行为。

流量安全：研究如何利用网络流量分析技术和安全策略来检测和防止网络攻击。

2.移动流量市场

研究者分析了国内数据流量市场发展现状,并进行规模预测,对全球近几年的数据流量和各地区的移动数据流量增长进行了简要的阐述,并且结合全球移动数据流量的增长趋势,结合国内近几年流量发展现状公开数据的整理,通过DOU和占比法对中国未来几年的数据流量规模进行了预测,并且对国内移动数据流量的主要分布和未来发展的应用场景进行了简要的说明。

将流量市场分为前向流量和后向流量。针对前向流量,通过技术分类识别和精确管理,提升流量服务感知和资费价值的匹配程度,要能够根据用户价值、业务价值和终端价值分配合理的移动网络资源,以资费作为调节杠杆,对流量进行分层、分级管理,对不同层级的流量收取不同的费用;针对后向流量,则需要致力于打造"流量生态系统"。未来后向流量盈利的关键是打造基于流量的平台,利用运营商的用户优势和渠道优势,将流量经营转化为用户经营。

3.流量市场的交易主体

流量经营的提出其底层逻辑是通信需求向信息需求的转型。流量经营是以智能管道(物理网络)和聚合平台(商业网络)为基础,以扩大流量规模、提升流量层次、丰富流量内涵为经营方向,以释放流量价值为目的的一系列理念、策略和行动的集合。流量经营的最终目的是顺应移动互联网的发展,转变运营商的收入结构,达到利润最大化。

不同于话务经营和宽带经营,流量经营是通信运营商向信息运营商转型中在全业务和移动互联网新形势下的全新命题,是顺应移动互联网发展规律、把握移动互联网发展机遇,改变互联网时代"管道工"角色的关键。流量市场的交易主体包括:通信运营商、数字化互联网媒体平台、KOL、用户个体等。其中通信运营商为流量市场批发商,数字化互联网媒体平台直接面向客户为分包商,KOL为零售销售者和购买者,用户为流量。

三、数字媒体时代私域流量的概念与范畴

私域流量是指单一个体(企业或者个人)在特定渠道拥有的、能够直接触

达、无须付费反复利用的访问用户量,它与公域流量是一种相对的概念。公域内的全部流量隶属于公域平台方或者主体方,公域内的单一体(企业或个人)只能触达部分流量客户且通常需要支付一定费用,打造私域流量池的本质是建立一个具有较强关系链的客户群。

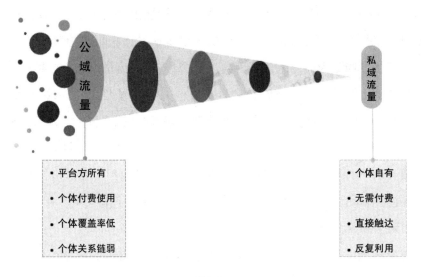

图1-1

私域流量是相对于公域流量而言的概念,指企业从公域(互联网)、他域(平台、合作伙伴等)引流到自己私域,以及企业私域本身产生的流量集合。私域流量的本质是将飘在天上的"流量"运营转化为更接地气的"人"的运营,它是企业利用互联网工具深度运营客户群的方法。目前,私域流量已经成为线上线下各类商业业态都十分常见的客户运营手段,企业通过打造私域流量池,引流和维护私域客户群,与客户建立深度联络和信赖感,持续挖掘客户价值,最终实现价值变现。

私域流量是指品牌或运营方从公域流量平台、他域获取,可以长期反复触达、持续影响,具有标签属性、可精细运营,具备商业价值或长期品牌价值的用户流量,本质是可以低成本甚至是免费持续挖掘价值的用户群体。根据品牌或机构对用户影响力的不同,可以分为广义私域平台和狭义私域平台,基于公域平台体系规则办法,依靠相应平台内容对用户进行运营维护、转化及裂变;狭义私域平台支持品牌与用户建立深度触达与响应，品牌自主运营空间大，且转化效率与用户运营效果更佳。相对于公域流量、他域流量，私域流量具有鲜明特征。

公域流量或平台是指非品牌自有、由外部生态拥有、不能直接触及的用户群体或集合，包括大型社交平台、电商平台、媒体广告平台，拥有大量公开或半公开用户群体，品牌可以持续获取流量的平台。他域包括非品牌自有App用户、企业微信社群、微信公众号、抖音、快手粉丝等，私域流量则是品牌自有、可反复触达、持续经营并能产出价值的用户粉丝群体，本报告研究的私域流量为广义私域流量，包含自有App、平台、网站、微信/企业微信粉丝、抖音企业号等。

他域流量或平台是指在公域外的非公开平台，由其他品牌或机构拥有的、需要通过购买、合作获得的流量，包括其他品牌私域、合作伙伴私域等。

第二节 国内外研究综述

一、国外相关研究的学术史梳理及研究动态

1. 人工智能为代表的技术研究

AI技术也就是人工智能技术，主要是对于人的智能行为进行延伸，集合了生物科技、电子科技等新的科学技术。人工智能实际上是计算机技术的一个领域。人工智能是通过模仿人的智能和人的思维模式，研究出与人的智能类似的机器。当前根据人工智能延伸出来的有机器人和图像识别技术等。在人工智能发展的过程中，其应用的领域也越来越广阔。未来我们有理由相信人工智能将会给人们的生活带来更多的便利，成为人脑智慧的延伸。但是人工智能不是对人的行为单纯复制的过程，在未来有可能超过人的智力水平。人工智能涵盖的知识系统非常复杂，研制人工智能的相关人士必须精通计算机知识，同时还要了解人脑思考和反应的机制及深刻的心理学知识等。总而言之，人工智能的诞

生最初是为了能够帮助人类完成一些简单的工作，但是随着时代的发展，它将帮助人类完成更加复杂的、多元的工作。

人工智能演进带来媒体的深度融合。1978年，尼古拉·尼葛洛庞帝提出，希望计算机、出版印刷业和广播电影业这三个不同产业能够融合，以此产生更大的商业效益。2007年，王菲在《媒介大融合》一书中对媒介融合进行了探讨，分析了数字技术带来传统媒体和新媒体、传统传媒产业和其他产业之间的相互交融，形成了融合化的"大媒体"。

研究机构Gartner给出了这样的定义，"大数据"是需要新处理模式才能具有更强的决策力、洞察发现力和流程优化能力，来适应海量、高增长率和多样化的信息资产。大数据时代，大数据云计算平台需要接受来自不同地区和不同类型的信息，而且数量庞大。这就给大数据技术的发展提出了更加严格的要求，所以大数据技术下一步的发展方向应该是对于文件的存储系统的架构和设计。数据分析能力是大数据技术的核心技术，因为大数据除了能够存储和收集大量数据之外，最具有价值的功能就是能够帮助处理相关的数据，为行业提供更加具有针对性的意见和建议。

2. 数字时代技术与媒体的互动关系研究

当前技术对媒体产业的推动作用，主要体现在视频检索关键技术、为智能化编辑部提供基础、互动式主播落地，推动业界洗牌催生新的岗位等方面。在采集环节，利用"媒体大脑"摄像头新闻机器人和"鹰眼"智能监测系统，超早期记录突发事件、发现新闻热点；在生产环节，利用智能写稿机器人"媒体大脑"、AI合成主播、时政动漫平台等智能化工具和平台，对新闻素材进行自动分类和标引，智能化生产全媒体产品，全程人机协作，人工审签；在分发环节，面向媒体用户和终端受众，基于用户画像技术，个性化精准推送；在接收环节，基于"万物互联"，实时将信息传递到智能载体，让用户无时、无刻不新闻；在反馈环节，依托智能版权评价系统，精准评估传播效果。

国内外多家媒体组织近年在不同程度上探索通过新技术对新闻生产、销售的各个环节进行重塑，其核心内容为处理人与机器的关系。比如美联社推出新闻编辑部"人工智能"使用手册，这份指南清楚阐述了"增强新闻"的特点和风险。关于"增强新闻"，最核心的三个术语是"自动化""人工智能"和"认知技术"。"自动化"即减少人工工作，将记者从繁杂的初级劳动中解脱，让公众更快看到新闻。而"人工智能"和"认知技术"是指参与新闻工作的智能机器具有"自我"意识，具有一定程度的识别能力，它的"思维"或"智力活动"可以用于信息输入和新闻生产。英国体育媒体Give Me Sport使用Breaking Data的自然语言处理技术，来对Twitter内容进行扫描，寻找与预定关键字相关的推文；谷歌投资新闻协会通讯社，开发出为报道自动匹配图表、图片或是视频的工具；初创公司Veo研发产品用AI技术来拍摄足球比赛；Joostware的Who Said What工具通过算法核查音视频片段中的引用内容；Affectiva通过面部识别技术，根据受众看到一类视频时的情绪反应，来有针对性地推荐视频内容。

二、国内相关研究的学术史梳理及研究动态

值得注意的是，对于算法有系统研究，但是对于流量的研究缺乏理论深度。即便如此，有学者认为，目前对这一问题的探讨还远远不够深入，原因有三个。首先，割裂地看算法，因为没有厘清算法技术发展历程与应用实践轨迹，将算法型传播生态简单理解为智能算法分发，忽略了算法对媒介生产消费的全方位渗透。其次，割裂地看信息，特别关注资讯信息，讨论平台对新闻业的入侵，将传媒业简单理解为传统媒体主导的大众传媒业，忽略了传播技术带来的传媒业的边界扩张——对社会的媒介化进程的关注。最后，多数研究是围绕算法技术进行关涉价值的伦理分析，也就是解决"应然"问题的规范研究较多，但深入实践、分析"实然"问题的经验研究相对较少。需以实践范式来考察算法技术与媒介生态如何进行互相建构为切入点，洞察技术变革与社会变迁的复杂互动关系。

大数据时代数据背后所隐藏的商业价值正逐渐引发人们的高度重视，大数据国家战略的制定，为行业进一步发展提供政策保障，为产业链各方特别是电信运营以及互联网巨头带来机遇。

目前，全球电信运营商共同面临数字化时代的冲击，如何避免沦为一个单纯的数据通道成为电信运营商的共同难题。中国电信广东研究院报告分析，在"互联网+"时代，电信运营商的压力与机遇并存，一方面话音低值化、流量剪刀差、网络管道被各种互联网应用边缘化；另一方面产业互联网大潮涌动，用户需求在新互联网环境的刺激引导下一再改变，大数据、云计算将是新型基础通信设施，大数据、云计算等新产业的出现、新技术的升级为ICT领域带来更多的市场空间。

国内学者对媒介与技术的互动进行了开拓性的研究。强月新等学者从线性思维、互联网思维与生态思维角度，对新时期我国媒体发展思维的嬗变路径进行梳理，认为每一次社会环境变化、政策制度改革、市场体制完善和媒介技术升级，都会带来社会存在和社会实践的巨大变化，在智能媒介技术蓬勃发展的当下，生态系统竞争将成为未来媒体竞争的主要方式，生态思维将逐渐成为我国媒体发展的主导思维。[①]另外，杨保军等学者认为，智能媒介以"类人"的方式又以更高的工作效率展开内容采集、生产、分发工作，技术对新闻从业者形成挤出效应。[②]

1. 国家竞争力分析模型

中国人民大学国家竞争力分析模型：人大竞争力与评价研究中心以IMD和WEF的模型为基础，结合中国的实际情况进行发展与创新，形成自己的理论观点和分析模型。他们认为，国家竞争力要素应分为核心竞争力、基础竞争力和环境竞争力三个层次，即国家竞争力不仅仅要发挥现有经济实力，更要追求建立合理的经济运行系统，还必须考虑实现综合经济实力的社会经济环境条件以及综合实力长期持续发展的内在成长能力。

2. 产业国际竞争力模型

中国社会科学院裴长洪在产业组织理论和西方学者的研究成果基础上，

---

① 强月新、陈星：《线性思维、互联网思维与生态思维——新时期我国媒体发展思维的嬗变路径》，《新闻大学》2019年第2期，第4—11页。

② 杨保军：《扬弃：新闻媒介形态演变的基本规律》，《新闻大学》2019年第1期，第6页。

建立了行业分析、市场结构和价值链三种方法相结合的产业国际竞争力的分析框架，并提出了产业国际竞争力的显示性、分析性评价指标。

裴长洪的研究模型从微观、中微观、中观和宏观四个层面对竞争力进行诠释：

第一，对以企业为主体的产品而言，竞争力是指在实现产品价值条件下，该种产品在一国、一地区进而在国际市场上的扩张能力，通常可以用该产品的劳动生产率、成本、价格、质量以及市场占有率来衡量。这是通常的绝对竞争优势的测度指标和方法。

第二，对企业而言，竞争力是指在实现企业产品不断扩大市场的同时，该企业可持续的盈利能力。通常可以用企业销售额和销售利润率来衡量，但还需要设定别的指标来衡量其持续性，如企业的技术开发和创新能力。

第三，对产业而言，因其是一个集合概念，其竞争力必定是在不同地域间的比较，在不同地域间的比较又必定离不开区际或国际交换活动，而国际交换活动受国际分工规律的制约，因此产业竞争力必然首先体现为不同区域或不同国家不同产业（或产品）的各自相对竞争优势，即比较优势。但在现实生活中，国际交换活动即便完全按照比较优势规律来进行，市场上也会出现比较优势相近的同一产业或产品的比较，这时候，竞争力将取决于它们各自的绝对竞争优势，即质量、成本、价格等一般市场比较因素。所以，产业竞争力是指属地产业的比较优势和它的一般市场绝对竞争优势的总和。考虑到产业不仅是同一产品的集合，而且是同一企业和同一经营活动的集合，因此实际上其规定性要涵盖得更宽一些。

第四，对以国家为主体的产品而言，讨论其国际竞争力，事实上应该引入产业竞争力的分析范式，即首先要讨论它具有何种比较优势以及其强度如何，这是一种产品能否具有进入国际市场潜力的前提；其次才可能讨论该产品与别国同一产品比较所具有优势的属性。所以，关于产品国际竞争力的许多实证研究，多采取这种论证方式。由于研究以国家为主体的产品竞争力问题较易于获得数据和资料，较易于进行实证研究，因此所谓国际竞争力问题的研究更多的是落实到以国家为主体的产品竞争力上来。[①]

3. 区域竞争力评价模型

魏后凯从市场影响力、资源配置力、产业增长力、结构转换能力和企业创新能力五个方面评价产业竞争力。他认为，区域产业竞争力决定于单个企业的核心竞争力及其群体优势，并主要体现在这五个方面的能力上。

魏后凯等学者认为，所谓区域竞争力，是指区域内各主体在市场竞争的过程中形成并表现出来的争夺资源或市场的能力。这种能力只有通过市场竞争才能够形成和展现，并且在动态的竞争过程中不断发生变化。也就是说，竞争才有竞争力。当然，这里所指的竞争，主要是指区域对资源或市场的争夺，如资源开发、技术创新、人才争夺、环境改善、产业发展、区域营销等。一个区域的竞争力主要表现在其产业竞争力方面，而这种产业竞争力是宏观层次的区域比较优势和微观层次的企业竞争优势综合作用的结果。二者之间相互联系、相互影响，由此构成了一个区域竞争力的基础。

区域产业竞争力是形成区域竞争力的核心，而这种产业竞争力是与企业的核心竞争力紧密联系在一起的，它既决定于宏观层次的区域比较优势，即区域资源禀赋差异，又决定于微观层次的企业竞争优势，是二者综合作用的结果。这两种优势相互联系、相互促进，由此构成了一个区域竞争力的基础。显然，区域竞争力是竞争主体在争夺资源或市场的过程中表现出来的一种综合能力。这种能力表现在诸多方面，既包括现实的生产力如市场占有率、资源配置效率等，也包括潜在的竞争能力如创新能力、结构转换能力等。就地区工业竞争力来说，它决定于单个企业的核心竞争力及其群体优势，并主要体现在市场影响力、工业增长力、资源配置力、结构转换力和工业创新力上。这五个方面共同构成了一个地区的工业竞争力的基础。[②]

---

① 裴长洪，王镭. 试论国际竞争力的理论概念与分析方法[J]. 中国工业经济，2002年4月第4期（总169期），P41-43

② 魏后凯，吴利学. 中国地区工业竞争力评价[J]. 中国工业经济，2002年11月第11期（总176期），P54-57。

4.公共话语的异化与回归[①]

数字媒体时代的公众拥有宽松的公共话语空间,但是公共话语却背离了其应然状态,表现出了种种异化现象。互联网时代被异化了的公共话语不再是严肃的、诉诸理性的、逻辑严密的,娱乐的、非理性的、混乱的、不准确的话语正在侵入一些严肃的场合。被数字技术异化了的人们,表现出了娱乐至死、非理性、狂躁、多重任务疯狂等异化行为。

从哲学高度看,公共话语的异化归根结底是人的异化,人性的弱点(从众心理、观望心态、思维的惰性)和网络双面性的结合(传媒的媚俗特征)是公共话语异化的路径。因此,克服人性的弱点、警惕数字技术的有限性、对传统保持敬畏感以及培养公民意识,是还原正常的公共话语空间的基本对策。

5.信息茧房等传播学议题

信息茧房(Information Cocoons)这个概念来自美国学者桑斯坦。他认为信息茧房意味着,我们只听我们选择和愉悦我们的东西。而他提出这一问题的主要背景,是数字时代的个性化信息服务的逐步兴起。

从新媒体传播来看,人们的视野与其获取信息的路径以及相关的信息过滤机制相关,社交网络、平台、算法等都有可能在一定程度上会固化人们的信息获取路径、强化人们的选择性心理,形成信息茧房。[②]

沉默的螺旋理论是由德国传播学者伊丽莎白·诺埃勒–诺依曼于1974年提出的。诺依曼强调人的社会天性,为防止交往中的孤立,人总是寻求与周围关系的和谐。这样,就形成一种“沉默的螺旋”现象:当人们感觉到自己的意见属于“多数”或处于“优势”时,便倾向于积极大胆地发表这种意见;当发觉自己的意见属于“少数”或处于“劣势”时,遇到公开发表的机会,可能为防止孤立而保持“沉默”。意见一方的沉默造成另一方意见的增势,如此循环往复,便形成一种一方越来越强大,另一方越来越沉默下去的螺旋发展过程。[③]

---

① 赵璐阳,尚重生.数字媒体时代公共话语的异化及其回归[J].江汉论坛,2016,No.458(08):129-133.

② 彭兰.导致信息茧房的多重因素及“破茧”路径[J].新闻界,2020(01):30-38+73.

③ 陈力丹.沉默的螺旋理论简说[J].当代传播,1999(04):32-33.

议程设置理论起源于对大众传媒所报道议题的频率、时长与议题在公众心目中的重要性之间的关联性研究。议程设置理论研究的内容包括：为什么是这些问题的信息可以被公众获得，而不是另一些？舆论是如何改变的？为什么有些问题能通过社会政策行动去研究，而有些却不能？

新媒介环境下的议程设置：新媒介技术的发展降低了受众使用媒介进入媒体的门槛，议程的影响不再是单向的流向受众。"点对点""点对多点""多点对多点"的多元化交互传播模式成为主流和趋势，在很大程度上打破了原有的信息流动的规则。

新媒介环境下，议程设置的形成通常是这样一个过程：信息源（事件）刺激个体，个体通过新媒介完成个体议程设置；个体间传递，形成个体间议程设置；或直接上传网络分享，进入社群，通过新媒介平台反复讨论、博弈，议程不断被修订，形成社群议程设置；议程也可能进入另一个社群，形成社群间共鸣，形成社群间的议程设置；众多媒介介入，从单一媒介的议程设置，扩展到多媒介的议程设置；形成目标公众的议程设置；促成了议程在社会层面的解决，达成决策议程；并最终对个体产生实质上的影响。[①]

第三节 相关理论阐释

一、产业发展理论与媒介产业

产业经济理论认为，决定和影响产业发展的因素十分复杂，既包括政治、经济、文化、历史等宏观性因素，也包括需求、供给、对外贸易、经济制度及经济发展战略等具体性因素。这些因素相互交织、相互联系，影响和决定产业发展的轨迹。由于产业结构的调整、变化、更替和产业主导位置等变化，产业发展具有规律性。其中，高新技术产业发展与传统产业的改造是产业发展的

---

① 高宪春.新媒介环境下议程设置理论研究新进路的分析[J].新闻与传播研究，2011，18（01）：12-20+109.

规律之一。[①]

马克思创立的社会资本在生产理论以定性的方式分析经济增长,认为社会资本再生产是一个不断循环运动而实现的社会总资本的再生产过程,核心是实物替代和价值补偿的实现问题。

西方产业经济学在其发展过程中百家争鸣,主要形成了四个学派:哈佛学派、芝加哥学派、新产业组织理论学派和新制度经济学派。[②]"模型论""结构论""阶段论""因素论"等理论流派主要从定量方式建立经济增长模型。

在马歇尔、罗宾逊夫妇、张伯伦等早期经济学家开创性的努力下,产业组织理论逐渐从微观经济学分离出来,逐渐形成进一步解释特定产业的主流理论。产业组织(Industrial Organization)理论通常以特定产业为研究对象,研究其产业机构、市场竞争者行为以及生产效率等问题,探讨产业内竞争者之间的互动关系。

产业组织理论按结构、行为、绩效三个方面进行分析,构造了一个既能深入具体环节又有逻辑体系的市场结构、市场行为与市场绩效的分析框架,通过对市场关系的各个方面进行实际测量,从市场结构、市场行为和市场绩效三方面提出产业组织政策,从而规范了产业组织理论。[③]

产业特征是影响媒体组织关键性决策的重要因素。对于媒体行业,进入门槛较高,新闻采集人员需要政府颁发的从业许可证,对专业人才的需求大,产品长尾效应明显,即对用户需求进行正态分布,部分差异化的、少量的需求会在需求曲线上面形成长长的"尾巴",所有个性化市场累加后形成比主流市场还大的市场。

从产业技术特征、产业成长特征、产业规模特征、产业竞争特征等四个向度,构成产业特征基本分析框架。其中,产业技术特征包括技术成熟程度、技术复杂性、相关技术的影响、技术的可保护型、研究与开发费用及增长率、互

---

① 鲍宏礼:《产业经济学》,中国经济出版社2018年版,第46页。

② 卢莉莉,朱杰飞.国外产业经济学理论的演进[J].中国集体经济,2011,31: 55-56.

③ (法)泰勒尔:《产业组织导论》,中国人民大学出版社2002年版。

补性等。产业成长特征包括产业成长阶段、增长速度及持续性，影响因素主要有生产率、新投资总额、多元化发展速度等。产业规模特征为产业在国民经济中所处的地位和发展趋势，产业的绝对规模等产业竞争特征包括同类型企业竞争数量、资源可得性、潜在进入者、竞争结构等。①

二、智能媒介与创新扩散研究

吉登斯、孔德等学者主要关注媒体与现代性制度之间的相互作用；丹·席勒、爱德华·T.霍尔等社会学、传播学学者重点关注信息产业和信息科技的现状，延伸传播政治经济学在信息数字时代的研究意义；国内多位学者对智能媒介的形态演变进行研究。

吉登斯通过重述与批判结构主义、功能主义和解释社会学等研究方法，提出著名的"结构化理论"。他试图以此消除社会结构与个人能动性之间的对立，使以功能主义和结构主义为代表的"客体主义"与以解释学为代表的"主体主义"实现沟通。②吉登斯指出了媒体对于制度的影响，指出媒介在现代性社会的全球化过程中不可小觑的力量。吉登斯在《现代性的后果》中提到，如果没有铺天盖地而来的由新闻所传达的共享知识的话，现代性制度的全球扩张本来是不可能的。

丹·席勒是开辟信息政治经济学研究领域的代表性学者，把信息定义为导致社会变革的决定性因素，否定资本与劳工的对立性和资本主义制度的延续性。他指出了科技拜物教，打破人们对于科技的空想性崇拜。

爱德华·T.霍尔把文化定义为信息的生成、发送、储存和加工系统，"传播的根本目的在于意义的共享，而意义产生于一定的语境之中"。③

创新扩散理论同样对本研究有启发作用。埃弗雷特·M.罗杰斯认为，创新扩散是指一种新的观点、思想、技术一旦被引入一个社会系统中，就会随着时间

---

① 王建军：《现代产业分析：原理、方法、案例》，经济管理出版社2019年版，第285页。
② 胡翼青主编：《西方传播学术史手册》第一版，北京大学出版社2015年版，第24页。
③ 胡翼青主编：《西方传播学术史手册》第一版，北京大学出版社2015年版，第85页。

的推移在这个社会系统中从一个决策单位(个人、家庭、集体)不断地传到下一个单位。[①]创新扩散的过程涉及四个主要因素:创新本身、传播渠道、时间、社会系统。一项创新被接受和采纳要经历认知阶段、说服阶段、决策阶段、实施阶段、确认阶段等5个阶段。

三、产业竞争力理论和迈克尔·波特的"钻石模型"

产业竞争力,亦称产业国际竞争力,指某国或某一地区的某个特定产业相对于他国或地区同一产业在生产效率、满足市场需求、持续获利等方面所体现的竞争能力。竞争力实质上是一个比较的概念,因此,产业竞争力内涵涉及两个基本方面的问题:一个是比较的内容,一个是比较的范围。

具体来说,产业竞争力比较的内容就是产业竞争优势,而产业竞争优势最终体现于产品、企业及产业的市场实现能力。因此,产业竞争力的实质是产业的比较生产力。所谓比较生产力,是指企业或产业能够以比其他竞争对手更有效的方式持续生产出消费者愿意接受的产品,并由此获得满意的经济收益的综合能力。

产业竞争力比较的范围是国家或地区,产业竞争力是一个区域的概念。因此,产业竞争力分析应突出影响区域经济发展的各种因素,包括产业集聚、产业转移、区位优势等。

现代竞争力理论早期有代表性的学说是熊彼特的"创新说",他在《经济发展理论》一书中提出了经济创新的概念,第一个突破了近代关于竞争力的"绝对优势""比较优势"和"要素禀赋"等古典学说。他认为,"创新"对企业竞争力具有决定性作用,当竞争对手无法或没有迅速察觉新的竞争趋势,最先发明创新的企业可能因此改写彼此的竞争态势,也就是说,不断创新的企业会具有强大的竞争力。波特吸收了熊彼特的创新思想,但他认为创新不仅指技术上的改善,而且指做事方法的改进,比如新的促销方法、新的组织方式。一个企业在竞争对手没有觉察的情况下,首先采用创新观念,很可能由此而改变双

---

① 胡翼青主编:《西方传播学术史手册》第一版,北京大学出版社2015年版,第107页。

方的竞争优势。此后，波特又将他的竞争力理论从微观拓展到宏观，认为当从国家层面进行衡量时，国家竞争力的唯一意义就是国家生产力。一国在某一产业的国际竞争力表现为一个国家能否创造一个良好的商业环境，使该国企业获得竞争优势的能力。他利用"钻石模型"提出了决定国家竞争力的四大要素，即生产因素，需求条件，相关及支持产业的表现，企业战略、结构和同业竞争对手，并且较系统地展示了各竞争力因素之间的关系。自第二次世界大战以来，世界各国政府也纷纷开展了国家竞争力的研究，如美国总统委员会曾就此问题进行过大量的探讨，日本则提出了国际贡献能力、生存能力、强制能力三分法的综合国力论。

"钻石模型"是由美国哈佛商学院战略管理学家迈克尔·波特提出的。波特的钻石模型用于分析一个国家某种产业为什么会在国际上有较强的竞争力。波特认为，决定一个国家的某种产业竞争力的有四个因素：

生产要素——包括人力资源、天然资源、知识资源、资本资源、基础设施；需求条件——主要是本国市场的需求；相关及支持产业的表现——这些产业和相关上游产业是否有国际竞争力；企业战略、结构和同业竞争对手的表现。

波特认为，这四个要素具有双向作用，形成钻石体系（如图1–2）。

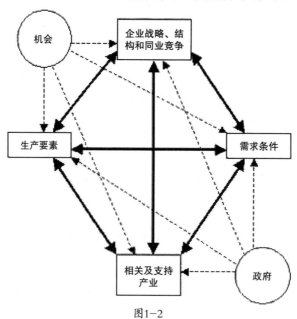

图1–2

波特将生产要素划分为初级生产要素和高级生产要素,初级生产要素是指天然资源、气候、地理位置、非技术工人、资金等,高级生产要素则是指现代通讯、信息、交通等基础设施,受过高等教育的人力、研究机构等。波特认为,初级生产要素的重要性越来越低,因为对它的需求在减少,而跨国公司可以通过全球的市场网络来取得(当然初级生产要素对农业和以天然产品为主的产业还是非常重要的)。高级生产要素对获得竞争优势具有不容置疑的重要性。高级生产要素需要先在人力和资本上大量和持续地投资,而作为培养高级生产要素的研究所和教育计划,本身就需要高级的人才。高级生产要素很难从外部获得,必须自己来投资创造。

波特指出,推进企业走向国际化竞争的动力很重要。这种动力可能来自国际需求的拉力,也可能来自本地竞争者的压力或市场的推力。创造与持续产业竞争优势的最大关联因素是国内市场强有力的竞争对手。波特认为,这一点与许多传统的观念相矛盾,例如一般认为,国内竞争太激烈,资源会过度消耗,妨碍规模经济的建立;最佳的国内市场状态是有两到三家企业独大,用规模经济和外商抗衡,并促进内部运作的效率化;还有的观念认为,国际型产业并不需要国内市场的对手。波特指出,在其研究的十个国家中,强有力的国内竞争对手普遍存在于具有国际竞争力的产业中。在国际竞争中,成功的产业必然先经过国内市场的搏斗,迫使其进行改进和创新,海外市场则是竞争力的延伸。而在政府的保护和补贴下,放眼国内没有竞争对手的"超级明星企业"通常并不具有国际竞争能力。

第二章

传播学视野下的私域流量价值再造

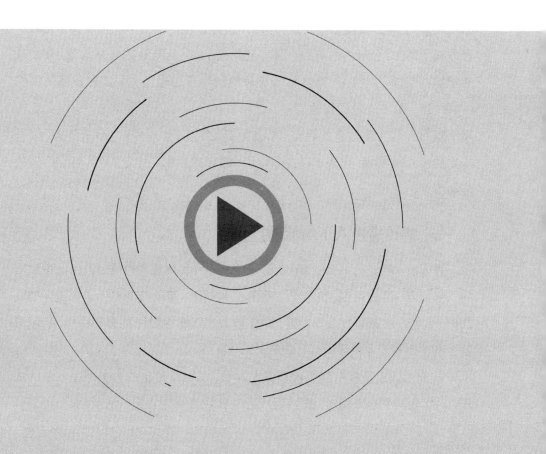

第一节　目前中国的私域流量市场发展现状综述

2019年起，中国的私域流量市场经历了从爆发到降温再到野蛮生长的历程。伴随着数字媒体技术、人工智能、物联网等技术的发展，随着网络平台获客成本攀升，越来越多的营销主体认识到单纯依赖公域流量难以维持企业持续增长，开始探索在私域流量市场建立阵地，建设私域流量池成为许多企业和组织发展的必选项。

然而，一切才刚刚起步。

在理解私域流量市场之前，我们需要对其进行定义，私域流量是指单一个体（企业或个人）在特定渠道拥有的，能够直接触达、无须付费、反复利用的访问用户量。它与公域流量是一组相对的概念，公域内的全部流量隶属于公域平台方或主体方，公域内的单一个体（企业或个人）只能触达部分流量用户，且通常需要支付一定费用。打造私域流量池的本质是建立一个具有较强关系链的客户群。私域流量的加速发展，意味着企业对于媒介渠道的使用，大众传播出现与人际传播融合的趋势，原有的个人传播、群体传播、组织传播、大众传播的边界被模糊，出现了以去中心化、病毒式复制、强交互等为特点的新的传播模式。

一、新传播模式下的流量经济

进入由"粗犷式"进入"精细化"运营时代，私域流量市场以及由此衍生出的人机交互、模式识别、机器学习等算法和技术，将有望重塑产业形态。如同200年前电力彻底颠覆人类世界、20年前人工智能重塑科技形态一样，私域流量也有望改写商业世界的运行规则。

随着私域流量吸引创业者和资本入局，私域流量也成为头部平台新的战场。对互联网平台方而言，鼓励用户通过私域流量来提升日活跃用户，可以有效盘活平台方的流量，进一步挖掘用户价值，有利于平台更好地实现商业化。值得注意的是，私域流量带来的发展红利或被灰色产业利用，打政策擦边球，平台方需要加强对这种现象的打击和治理，为平台用户营造一个良好的正向反馈氛围。

表2-1 互联网流量战的五个阶段

第一阶段	1996—2001年	中国互联网市场处于萌芽阶段，最早一批精英掀起互联网发展开端。互联网企业规模不大，在激烈的市场竞争中不断挣扎，以期找到盈利临界点
第二阶段	2001—2009年	1997年中国网民数量63万人；2001年，这个数字增长到2250万。互联网行业重新沸腾，在这一阶段中，百度、搜狗等搜索引擎已经崛起，并且围绕"抓住获取有效信息"这一市场痛点展开了互联网流量争夺战
第三阶段	2005—2010年	与第二阶段部分重叠。QQ、校内网等许多互联网企业加入流量争夺。企业看到了流量的重要性
第四阶段	2010—2019年	随着智能手机大众化走向深入，越来越多用户从PC端转移到移动端。互联网企业将此视为新流量竞争的开端。虽然2013年到2016年中国网民数量仅增加1亿人，利益增速远远低于此前阶段。但大多数头部App在此时诞生，包括微博、微信、淘宝、今日头条等，流量争夺战越发激烈
第五阶段	2019年至今	随着5G、人工智能、云计算技术带动，私域流量重构互联网传播生态，信息传播的主要方式从大众传播转为以社群网络为代表的组织传播和以口碑营销为代表的人际传播，流量争夺更加细分

社会在不断演进，算法也是如此。可以说，我们生活在算法时代。

算法是"在有限步骤内解决数学问题的程序"，是计算机科学中程序设计领域的核心理论之一。算法就是一系列指令，告诉计算机应该做什么，它是一套严格的标准。算法是人们借助计算机解决问题的技巧。如今，搜索引擎、短视频推送、工业生产流程、客服电话的过滤等，无不用到算法。可以说，现代社会的每分每秒都和算法有关。因此，了解算法的规律，对理解私域流量市场有重要作用。

私域流量的形态一直在发生变化，从网站、App到微信里的社交账号，再到VR直播账号，但是私域流量运行的底层逻辑和背后的传播学规律一直没有变。私域流量是企业新增长的源头，企业的营收是流量和转化带来的共同效益。

中国互联网用户增长红利见顶，建立私域进行精细化运营成为趋势。截至2019年上半年，中国互联网网民规模为8.54亿人，手机网民规模为8.47亿人，中国网民渗透率已超过60%，互联网进入存量用户运营时代。

通过私域流量运营来降低营销成本，逐渐成为主流趋势。私域流量成为各大平台争夺的新战场，私域流量崛起带来的发展红利逐渐受到互联网巨头重视，微信、淘宝等多家平台纷纷借助自身产品入局私域流量拓展商业变现途径，缓解增长压力。

网民对私域流量运营接受度较高，但私域运营质量还有提升空间，反对私域流量运营的受访网民，仅占7.6%，40.8%的受访网民，称能享受到优惠权益，但营销方式中的信息骚扰，仍为网民最担忧的因素。

私域流量驱动因素弱化，互联网用户高增长难以为继。数据显示，截至2019年上半年，中国互联网网民规模为8.54亿人，手机网民规模为8.47亿人，对应的同比增速分别为6.6%、7.5%，增速呈下降趋势，中国网民渗透率已经超过60%。未来以电脑及手机为上网终端的用户规模增长趋缓，用户增长红利见顶驱使线上企业发展私域流量，深耕存量用户价值。

| 收入 | 用户 | 转化率 | 客单价 | 复购率 | 裂变 |

图2-1

私域流量经营收入，与用户数量、转化率、客单价、复购率及裂变规模等五个因素呈正相关关系。私域流量驱动因素主要在于企业获客成本高企，互联网技术的发展降低了企业营销推广的门槛，但消费场景的碎片化以及海量的产品服务信息，让企业粗放式的营销效果大打折扣，营销获客成本高企，不断侵蚀企业利润，企业不得不改变营销思路，发展私域流量，开启经济化用户管理,降低营销成本,实现精准营销。

二、私域流量特征分析

私域流量来源本质还是公域平台,品牌需要在公域规则范围内跑马圈地运营私域池,严格来说,只要用户不是完全独立导入App或网站,品牌私域非常依赖公域平台规则。值得注意的是,私域流量的价值不仅来自用户规模,还需要通过标签化方式对用户进行分层,方便品牌采取不同的应对措施。运营中需要考虑用户的需求、活跃度、购买力等指标,制定从引流到转化裂变的SOP(标准作业程序)。

从传播学的角度来看,私域流量是指网络上的特定用户群体(比如员工或者特定的客户)之间的流量。这种流量可以是用户之间的沟通,也可以是用户之间的交易。传播学研究私域流量有助于我们更好地理解用户之间的沟通模式,及其对传播效果的影响。私域流量可以帮助企业理解用户之间的关系,以及以什么样的方式能够更好地推广和传播企业的品牌与产品。通过研究私域流量可以帮助企业更好地理解用户行为,从而更好地传播和有效地推广企业的品牌和产品。

私域流量是可以进行二次以上链接、触达、发售等市场营销活动的客户数

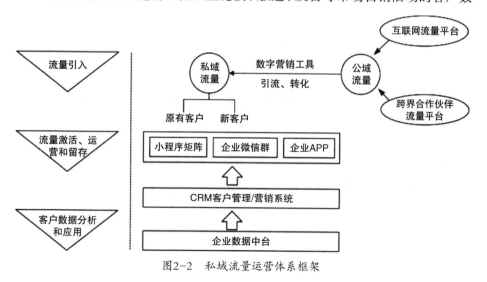

图2-2 私域流量运营体系框架

据。私域流量和域名、商标、商誉一样属于企业私有的经营数字化资产。

私域流量是相对于公域流量而言的概念，指企业从公域（互联网）、他域（平台、合作伙伴等）引流到自己私域，以及企业私域本身产生的流量集合。私域流量的本质是将飘在天上的"流量"运营转化为更接地气的"人"的运营，它是企业利用互联网工具深度运营客户群的方法。目前，私域流量已经成为线上线下各类商业业态都十分常见的客户运营手段，企业通过打造私域流量池，引流和维护私域客户群，与客户建立深度联络和信赖感，持续挖掘客户价值，最终实现价值变现。

符合"AIE标准"的流量才是私域流量。一是可自由触达（Accessibility），这意味着私域流量的拥有者可以直接接触到流量。从这个意义上说，微信公众号、服务号、微博、抖音等平台上的粉丝都不能算作私域流量。真正的私域流量，还是主要存在于微信个人号。基于微信的IM属性，一对一的信息推送、一对多的社群运营（群控），都是私域流量运营的天然手段。

二是聚集流量的方式是"IP化"的，这意味着企业连接流量的方式是一个对用户足以形成影响的IP。现实一点的方式是做"品牌人格的实体化（形成个人IP）"，变成有温度的专家渗透到社交圈。这种角色可能是购物助手（了解货品）、专家（了解领域）、KOL（文化引领）、KOC（行为引领）……甚至是能够与用户深度交流、有温度的个人伙伴。没有人希望微信朋友圈里有一个"功能化"的品牌客服，只有个人IP才是社交网络里的有效节点。

三是具有耐受性（Endurance），这意味着流量不会轻易离开。这一条标准是检验连接的稳固性。流量之所以不会离开：一方面是因为连接是基于社交平台，而非类似微博的信息流社交平台，人际连接导致关系相对稳定；另一方面是因为连接必须给对方提供价值，即使是在朋友圈里发货品广告，也需要流量（用户）认可这些信息的价值。

第二节 私域流量的传播模型

私域流量的传播模型可以分为蓄水池、病毒传播和分流模式等三种模式。

一、蓄水池模型

流量池可以看成物理学角度水池在虚拟空间的映射。物理学角度对流量的定义，如水在管子里流动和汽车在高速路上流动的量。新媒体角度是内容消费和内容互动时的数据流数量。

流量不等于用户数量，因为企业和组织关注的是流量背后的需

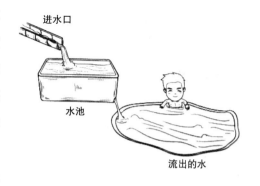

图2-3

求，所以不能仅仅从在线用户数来衡量流量的大小，而是要计算用户数量背后所蕴含的用户需求。因此，流量是精准的。

公域流量池就是蓄积公域流量的容器，也叫公域流量平台。在国内互联网环境中，公域流量平台包括淘宝、京东等电商平台，百度等搜索平台，今日头条、腾讯新闻等内容聚合平台，这是商家在公共范围内都能获取的流量，需要收费才能触达。私域流量池就是蓄积私域流量的容器，也被称为私域流量载体，包括QQ群、个人公众号、朋友圈、微信群、小程序等。

私域流量与容器有三个共同点：一是以群体传播与组织传播为主；二是通过集聚具有一定规模；三是可以留存转化。

通过品牌、商家、个人截留，可以在任意时间、频次、免费触达用户。如果把公域流量比作大海，那么私域流量就是自建的鱼塘。在大海里平均捞每条鱼的成本就是客单价，随着大海里捞鱼成本的提高，而总收入却在下降，商家不

得不开始自建鱼塘，这个鱼塘就是私域流量。

评价有效流量池的四大标准，[①]包括：

池中是否聚集被满足痛点需求的流量。用户获得感大于产品使用价值。顾客痛点需求=需求程度×需求频次；

池中是否聚集低价格敏感度的流量；

池中是否聚集能持续变现的流量；

池中是否聚集存在壁垒的流量。

二、病毒传播模型

病毒传播模型是一种信息传播的裂变模式，主要有以下三方面特点。

1. 传播类型以人际传播为主要特征。

通过与老用户的交互，增强新用户对品牌的认可。新用户可以从老用户的反馈和评价中，加深对产品的了解，提升对品牌形象的认可，进而提升用户黏度和忠诚度。

2. 通过"用户黏性"和用户忠诚度扩展传播场域。用户黏性，是指通过分析用户对产品的体验感和信任度，得出用户对产品的依赖程度和再消费程度。

用户忠诚度，是指对产品的感情程度，主要受质量、价格、服务等因素影响。在没有竞争对手的情况下，用户黏度高、忠诚度高。出现竞争对手后，用户的忠诚度会瞬间降低。病毒传播模式中，保持高水平的用户黏度和

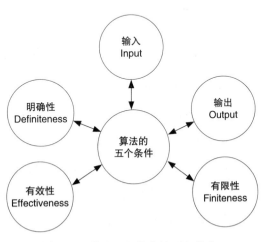

图2-4　算法必须符合的五个条件

---

① 李东升、杨唯真：《私域流量：用户沉淀+商业变现+风险规避》，清华大学出版社2021年版，第33页。

忠诚度,是关键。

3.传播效果以指数形式扩散。通过情绪、相关性等因素,使得受众进行"自发"二次传播,沉淀的用户进行转介绍,从而提高用户的复购率和留存率,降低营销成本和提高效率。

三、分流模型

分流模型是一种,有以下三方面特征。

1.传播形态以"圈层"为特点进行细分领域的组织传播。

随着大数据技术的发展,精准营销能够帮助商家与用户建立精神沟通纽带,进而帮助商家获得更大收益。通过划分群体进行精准营销,即圈层经济。企业在进行项目营销时,以不同依据将目标用户分为不同圈层,在相应圈层进行互动形成信息传递,最后在同一圈层内形成口碑效应,并进行精准化营销,从而产生经济效应。

今年来,用户圈层化已经成为私域流量分流模式传播的主要特征。用户可根据兴趣、爱好、品位等为标签,以此来形成自己的圈子。由于具备相近的审美趣味,用户感兴趣的话题在圈层中快速传播,信息通过的损耗程度较低。

2.筛选种子用户、意见领袖、相关场景。

特定人群聚集的地方,对人群的特征进行区分,找到精准的种子用户群体,分析种子用户画像,以其传播能力、需求和产品匹配程度、承担风险意愿、尝试新事物意愿和乐于反馈意见和建议等标准进行筛选。

按照复购率高低,价值高低、客单价高低、服务周期长短等因素,可以将私域流量进行进一步细分。通过进群宝、推精灵、八爪鱼、任务宝等工具,可以直接对接群二维码,方便用户扫码进群。

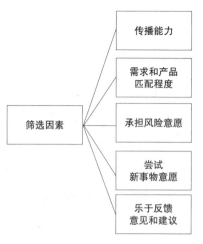

图2-5　种子用户的选择标准

3. 私域流量矩阵式传播。纵向矩阵例如，通过"微信群+个人号+微信公众号"三部分构成的流量矩阵。横向矩阵，包括以相关主题，在同一平台上注册的一系列平行账号。

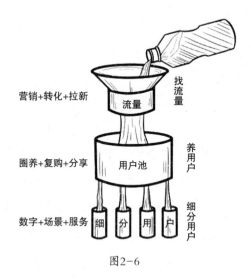

图2-6

第三节　数字媒体时代下传播学新特征分析

一、信息生产方式：从"线性传播"到"追溯搜索"

随着数字技术的发展，数字时代信息生产方式正在发生巨大变化。在这个数字时代，信息生产方式有着许多新的特征，其中一个关键的特征是信息的可复制性，这种可复制性使得信息可以被复制、传播和分发，这是传统的信息生产方式所无法比拟的。另一个关键特征是信息的可搜索性，在这个数字时代，信息可以被轻松地从互联网上搜索到，这使得信息的传播变得更加便捷和高效。信息的可搜索性还可以帮助人们快速找到所需的信息，从而提高信息的利用率。另外，数字时代信息生产方式还具有可共享性，这意味着信息可以在各种不同的平台上共享，比如社交媒体，这使得信息可以轻松地被传播和分享。最后，数字时代信息生产方式还具有可追溯性，这意味着信息可以被追溯到其原始出处,从而有助于防止信息的误用和滥用。总之,数字时代信息生产方式具有可复制性、可搜索性、可共享性和可追溯性等特征,这些特征使得信息的传播变得更加便捷和高效。

传统的中心化传播模式中,以全民覆盖作为传播目标,缺乏信息针对性,从而产生圈层与圈层之间的隔阂,在后期常出现"信息四不像"现象,无法深层次触达任何一个圈层。

私域流量传播以去中心化传播为主要特征,以圈层传播为主要表现形式,首要传播目标为某一特定圈层,首要目标实现之后,才"出圈"实现跨圈层传播,以期进行传播转化。

二、传播受众:从接收信息到用户到主动传播者

当今社会被称之为"数字时代",其中最重要的是传播学受众,这是一种新兴的受众,不仅是传播学家研究的重点,而且也是新媒体技术开发者们努力实现的用户群体。数字时代的传播学受众与传统受众的不同之处在于:

首先,数字时代的传播学受众有着更高的受众自主性和活跃性。由于新媒体技术的发展,传播学受众可以更加自主地接收和传播信息,而不受传统媒体的限制。传播学受众可以更加自由地发表自己的观点,并且可以随时参与讨论,从而使受众更加活跃。

其次,数字时代的传播学受众有着更多样化的受众需求。传播学受众可以根据自己的兴趣和需求来获取信息,不受时间和空间的限制。他们可以通过网络搜索来获取有关他们感兴趣的主题的信息,也可以通过社交媒体来获取最新的信息。

再次,数字时代的传播学受众有着更加深入的受众参与性。受众可以通过社交媒体和网络平台参与讨论,也可以利用新媒体技术创建自己的内容,从而参与到更多的信息传播中。

最后,数字时代的传播学受众有着更有效的信息传播能力。受众可以利用新媒体技术快速传播信息,而不需要经过传统媒体的中介。

总之，数字时代的传播学受众有着自主性、活跃性、多样化的受众需求、受众参与性和信息传播能力等特点，这些都是传统受众所不具备的。因此，数字时代的传播学受众是新的受众群体，它们将对未来的传播学研究产生重要的影响。随着新媒体技术的发展，数字时代的传播学受众将进一步增多，它们的参与将更加活跃，并且将发挥更大的作用。因此，传播学家应当更加重视数字时代的传播学受众，加强对他们的研究，以便更好地满足其受众需求。

另外，新媒体技术的发展也需要传播学家的参与，他们需要对新媒体技术的发展有更深入的理解，并且研究如何更好地利用新媒体技术来满足数字时代传播学受众的需求。

从有形的信息传播到更加注重无形的情绪传播，用户情绪具有极强的传染性，其传播效率是许多传播方式无法企及的，能够有效驱动社交传播。不少商家在圈层传播设计中，以激发用户情绪作为切入点，进而驱动用户形成自发传播。

三、社交媒体：从情感联系到互动传播主阵地

在数字时代，数据信息的传播方式发生了巨大的变化。比起传统的信息传播方式，数字时代的信息传播方式更加便捷快捷，可以让消息在瞬间传播到全球任何一个角落。数据信息的传播方式包括多种不同的渠道，如社交媒体、互联网、移动设备等。首先，社交媒体是数字时代信息传播方式中最重要的渠道，它可以让信息在瞬间传播到全球任何一个角落。社交媒体可以让人们在线聊天、搜索信息、发布新闻等，让信息的传播更加便捷快捷。此外，社交媒体还可以简化信息传播的流程，让消息能够在瞬间被传播到全球任何一个角落。其次，互联网也是数字时代信息传播方式中非常重要的渠道，它可以让人们通过网页、论坛等方式发布信息，并可以让信息在瞬间传播到全球任何一个角落。此外，互联网还可以提供便捷的搜索服务，让人们可以快速有效地搜索到想要的信息。再者，移动设备也是数字时代信息传播方式中非常重要的渠道，它可以让人们在移动端发布信息，并可以让信息在瞬间传播到全球任何一个角落。

此外，移动设备还可以提供便捷的推送服务，让人们可以随时随地获取到最新的信息。

总之，数字时代的信息传播方式包括社交媒体、互联网、移动设备等多种渠道，它们可以让信息在瞬间传播到全球任何一个角落，从而让信息传播变得更加便捷快捷。此外，这些渠道还能够提供便捷的搜索服务和推送服务，让人们更加便捷快捷地获取到想要的信息。因此，数字时代的信息传播方式已经成为当今社会发展的重要支柱，对于提高社会的效率和发展起到了重要的作用。

四、信息消费方式：从"在场在地"到"XR元宇宙"平行传播

随着信息技术的发展，数字时代的信息消费方式也发生了巨大的变化。数字时代，信息消费不仅仅局限于传统的新闻报纸，电视和广播，而是涉及许多新型的信息媒体，如网络、社交媒体、手机应用等。在这种新型的数字时代，信息消费方式也发生了巨大的变化。首先，网络的发展是最明显的变化之一。网络的出现，使得信息的发布和消费变得更加便捷，更加快捷，更加全面。现在，人们可以通过互联网获取任何有关的信息，并可以在网上实时交流和讨论。此外，网络还提供了许多其他的服务，如数据存储、购物、视频会议等，这些服务使得消费者可以更加便捷地进行信息消费。其次，社交媒体的发展也是数字时代信息消费方式的重要变化之一。社交媒体的出现，使得消费者可以更加自由、更加便捷地消费信息，更有效地发现和了解新的信息，并可以与其他消费者进行交流和讨论。此外，社交媒体还可以让消费者更加轻松地与品牌和企业进行沟通，这有助于消费者更好地了解品牌和企业，从而更好地消费信息。此外，移动应用的发展也是数字时代信息消费方式的重要变化之一。移动应用程序提供了更丰富的功能，使消费者可以更加方便地获取信息，并可以更加轻松地获取新的信息。此外，移动应用程序还提供了许多有趣的功能，如游戏、社交、购物等，这些功能使消费者可以更加轻松地消费信息。最后，数字时代的信息消费方式还因虚拟现实（VR）和增强现实（AR）技术的发展而发生了巨大

的变化。通过VR和AR技术，消费者可以更加真实地体验信息，从而更加深入地了解信息。此外，VR和AR技术还可以让消费者更加轻松地消费信息，因为它们可以提供更加真实的视觉效果和声音效果。总之，数字时代的信息消费方式发生了巨大的变化，这些变化主要体现在网络、社交媒体、移动应用程序和虚拟现实（VR）与增强现实（AR）技术的发展上。这些变化使得信息的发布和消费变得更加便捷，更加快捷，更加全面。此外，这些变化还使得消费者可以更加轻松地消费信息，并可以更加真实地体验信息。因此，数字时代的信息消费方式发生了巨大的变化，这些变化将会深刻地影响信息消费者的体验。

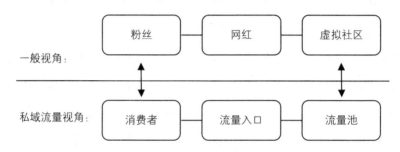

图2-7　信息时代传播模式的一般视角和私域流量视角

第三章

数字媒体时代下人工智能、物联网和云计算技术对流量市场的塑造

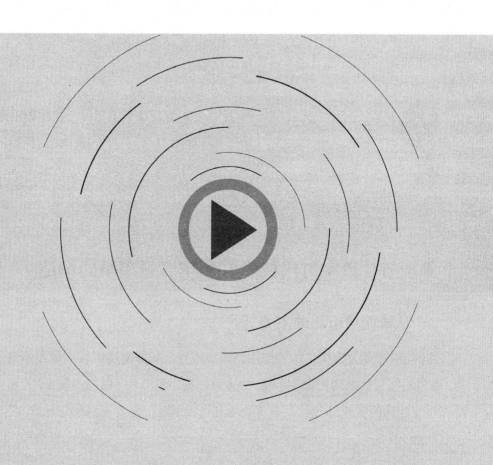

现实世界逐渐被软件的数字模拟所取代。未来人类生活在这种数字模拟中。数字孪生将彻底改变整个社会的沟通方式。这个庞大的程序就是镜像世界。它将地球上每一样事物都放置数字覆盖物，镜像世界可以看成一个由数百万人同时参与覆盖全球的层叠结构，每一个人都身处自己所在的地区，但同时又和世界上各个角落的人共处在一个地球大小的虚拟世界中。数字孪生的概念出自美国国家航空航天局的约翰·维克斯。他在2010年的一份技术路线图中报告了一个由双系统形成的模型，即已经存在的物理系统和一个包含物理系统所有信息的虚拟系统。这意味着现实空间中存在的系统和虚拟空间中存在的系统之间有一种径向关联，而且两者系以紧密连接的数据通过传感器和网络从物理系统流向数字系统，使后者能够及时响应和更新。正是因为这种双重性倾向世界的出现，将在一个深刻的个人层面上影响我们所有人。镜像世界不仅仅是现实世界的复制品，而且带有语境意义和功能层的东西，使其具有互动性和互操作性。

数字孪生是任何数字化转型的核心数字，孪生是基于模型的任何事物的一个全面的客户操作的版本。AR、VR等可以融合成一个连贯的系统，这使得我们能够创建世界的数字孪生。网络效应是指用户增加得越多，对用户就越有利，这一点同样适用于任何一种网络关系。

第一节　数字时代技术对私域流量市场的塑造

一、私域流量市场的主要特征

在数字时代，大数据技术的应用为私域流量市场的发展提供了强大的支持。通过对海量数据的挖掘和分析，企业可以更加精准地了解用户需求，为用户提供个性化的服务。同时，大数据技术还可以帮助企业实现精细化运营，提高营销效果。例如，通过对用户行为数据的分析，企业可以发现用户的喜好和需求，从而制定更加精准的营销策略。此外，大数据技术还可以帮助企业实现精准投放，降低广告成本，提高投资回报率。

在数字时代，社交媒体平台已经成为人们获取信息、交流沟通的重要渠道。这些平台为企业提供了丰富的私域流量资源。通过在社交媒体平台上开展营销活动，企业可以迅速扩大品牌知名度，吸引更多的潜在客户。同时，社交媒体平台还为企业提供了与用户互动的机会，有助于企业了解用户需求，提升品牌形象。然而，社交媒体平台的竞争激烈，企业需要不断创新营销手段，才能在竞争中脱颖而出。

表3-1通过私域流量与公域流量的对比，揭示出私域流量市场的特点。

表3-1　私域流量与公域流量的区别

私域流量	公域流量
单一个体或者垂直领域的流量	公众平台的流量
更稳定，可触达性较高	大部分是一次性的流量，稳定性不强
更加精准，转化率更高	推广范围广，精准度不强
免费	大部分付费

私域流量市场具有用户黏性强、转化率高、获客成本相对较低等方面特点。

1. 用户黏性强

私域流量市场的最大特点就是用户黏性强。在私域流量市场中，企业通过自身的渠道和手段，建立起与用户之间的紧密联系。这种联系不仅仅是基于产品或服务的交易关系，更是建立在信任、情感和价值观的基础上。因此，用户在私域流量市场中的忠诚度和活跃度都非常高，这对于企业的长期发展具有极大的价值。

2. 转化率高

私域流量市场的第二个特点是转化率高。在私域流量市场中，企业可以通过精准的用户画像和个性化的营销策略,实现对用户的精准推送和引导。这种精准营销的方式,可以大大提高用户的购买意愿和转化率。同时,私域流量市场中的用户已经对企业有了一定的了解和信任,这也有助于提高转化率。

3. 获客成本相对较低

私域流量市场的第三个特点是成本低。在公域流量市场中,企业需要投入大量的资金和人力,才能获得有限的用户关注和转化。而在私域流量市场中,企业可以通过自身的渠道和手段,实现对用户的持续运营和维护。这种低成本的营销方式,可以帮助企业在激烈的市场竞争中降低成本、提高效率。

二、私域流量市场的关键指标

表3-1详细列出了衡量私域流量市场活跃程度的关键指标。

表3-2　衡量私域流量市场活跃程度的关键指标

关键指标	英文/简称	指标含义	计算方式
用户获取成本（获客成本）	CAC	企业为吸引一位新客户而投入的成本	用户获取成本=营销总成本/新注册用户总量
注册用户总量	Total registered users	软件系统已经注册的用户,随时可能上线。注册用户总量是衡量私域流量市场份额的重要指标,也是衡量产品价值的主要依据	
活跃交易用户数	ATU	打开应用并且产生商业价值的用户。该指标反映私域流量的运营情况	
独立访客	UV	访问应用的一台电脑客户端为一个访客。该指标根据IP地址来区分访客数	UV价值=销售额/访客数
客单价	ATV	每一位顾客平均购买商品金额,也可以理解为"平均交易的价值"	ATV=营业额/客单数
笔单价	Unit price per transaction	指每一笔交易记录（一张水单）对应的平均交易金额	笔单价=消费总金额/消费笔数
用户访问时长	User access duration	用户进入每次在应用中所停留的时长	
月活跃用户	MAU	每月打开应用的用户数量总和,其数量的波动趋势是衡量私域流量市场占有率的主要指标	

续表

关键指标	英文/简称	指标含义	计算方式
日活跃用户	DAU	每日打开应用的用户数量总和	
转化率	CVR	在一个统计周期内，完成购买转化行为的次数占推广信息触达访客总数的比率。转化率越高代表私域流量的商业价值越高	转化率=成交笔数/访客总量
复购率	Repurchase rate	消费者对店铺某一产品或服务的重复购买次数	
客户生命周期价值	CLV	一个用户在一段时期内对企业的商业价值。CLV不仅计算私域流量已经产生的商业价值，还预测了未来价值	计算公式复杂，随产品和企业性质而不同。与流失率、投入成本、价值变化率和利率变化等因素相关
销售额			
投入产出比	ROI	项目全部投资与运行寿命期内产出的工业增加值总和之比。它适用于科技项目、技术改造项目和设备更新项目的经济效果评价指标。其值越小，表明经济效果越好	
商品交易总额	GMV	一段时间内的交易总额	在电商领域包括已支付和拍下未付款的商品总额
利润率			
渠道转化率			
毛利率			
用户留存率		衡量用户在一段时间内的留存水平	

三、私域流量的主要计算公式

1. 销售额 = 流量 × 转化率 × 客单价 × （1+ 复购率）

以上的公式反映出销售额、流量、转化率、客单价和复购率等五大元素之间的关系，揭示出留存率曲线的内部生成机制。

留存率曲线有三种形态：下降形、平坦形和微笑形。下降形曲线代表用户缺乏与产品长期互动的兴趣，正在持续流失，企业付出的成本付之东流；平坦形曲线的特征是某个时刻，用户留存会进入稳定状态，虽然有一部分用户流失，但是有一部分用户长期留存下来；微笑形曲线代表企业不但留住了一部分用户，而且之前流失的一部分用户也重新活跃，这是产品力和运营能力都很优秀的表现。为了改变留存率曲线，就需要研究私域流量的传播机制。

2. 下单支付率 = 下单支付数 / 商品加购数 ×100%

下单支付率，这是一个看似简单，实则蕴含深意的指标。它是由下单支付数除以商品加购数再乘以100%得出的，用来衡量消费者在浏览、选择商品后最终完成购买的比例。这个比例可以反映出消费者的购买意愿和购买力，是商家衡量自身销售业绩和市场竞争力的重要依据。

下单支付率的高低，直接关系到商家的销售业绩和利润。高下单支付率意味着消费者对商品的满意度高，购买意愿强烈，商家的销售业绩和利润也会相应提高。反之，如果下单支付率低，可能说明商品存在问题，或者商家的服务、价格等方面不能满足消费者的需求，需要商家及时调整经营策略。

下单支付率受到多种因素的影响，包括商品质量、价格、服务、购物环境等。首先，商品质量是消费者决定是否购买的最重要因素。只有商品质量过硬，才能赢得消费者的信任，提高下单支付率。其次，价格也是影响下单支付率的重要因素。价格过高可能会让消费者望而却步，价格过低则可能会让消费者怀疑商品的质量。此外，优质的服务和舒适的购物环境也能提高消费者的购买意愿，从而提高下单支付率。

3. 塑造和沉淀的社交及电商算法

社交红利=信息×关系链×互动这是在社交网络中实现大裂变、大转化的关键。所以社交网络中的根本，是围绕每一位用户和他/她的好友们的互动以及讨论信息的质量与次数，由此带来大扩散和大转化。

4.GMV（电商流水）=UV（独立用户）× 转化率 × 客单价

这是用好中心化电商的关键，是运营团队尽可能地获取更多流量、推进用户更深度的访问行为、尽可能在自己网店实现更高的销售转化和复购。

两个算法分别成就了无数快速崛起的明星团队、网红项目、新国潮品牌、新的刷屏级项目。

5.私域价值＝流量池 × 圈粉能力 × 粉丝变现率

在算法的每个组成中，分别还有不同层级。每个组成和层级，都代表了技术切入的不同程度、私域运营的不同阶段，以及关系所能发挥的不同作用。最后，则是私域电商所能实现的体量会有多大。

在互联网的世界里，流量就如同现实生活中的水源，是一切商业活动的基础。流量池，就是企业或个人通过各种渠道吸引和积累的用户群体。这个群体的规模、活跃度和黏性，直接决定了私域价值的高低。

流量池的形成，需要企业或个人具备强大的内容生产能力和精准的用户定位。只有源源不断地提供有价值的内容，才能吸引用户的关注和留存；只有明确自己的目标用户群体，才能更有效地吸引和留住他们。因此，流量池就像是源头活水，滋养着私域生态的生长和发展。

私域价值＝流量池×圈粉能力×粉丝变现率，这是一个动态的等式，每一个环节的提升，都会推动私域价值的提升。流量池是基础，圈粉能力是关键，粉丝变现率是结果。只有三者兼备，才能真正实现私域的价值。

6.私域 GMV=UV× 内容消费时长 × 单位时长订单转化率 × 订单价 × 复购频次

私域GMV，即私域交易总额，是衡量企业私域运营效果的重要指标。那么，如何提升私域GMV呢？本公式从五个方面进行探讨，分别是UV（独立访客）、内容消费时长、单位时长订单转化率、订单价和复购频次。

UV，即独立访客，是指不同的用户访问你的网站或应用的数量。UV的数量直接决定了你的潜在客户群体的大小。因此，提升UV的数量是提升私域GMV的第一步。你可以通过搜索引擎优化（SEO）、社交媒体营销、内容营销等方式吸引更多的用户访问你的网站或应用。

内容消费时长是指用户在你的平台停留的时间。用户在你的平台停留的时间越长，他们对你的产品或服务的了解就越深入，购买的可能性也就越大。因此，提升内容消费时长是提升私域GMV的关键。你可以通过提供高质量的内容、优化用户体验、设置互动环节等方式提升用户的内容消费时长。

单位时长订单转化率是指用户在每个时间段内购买产品或服务的比例。这个比例越高，说明你的产品或服务的吸引力越大，用户的购买意愿越强。因此，提升单位时长订单转化率是提升私域GMV的重要手段。你可以通过优化产品或服务、设置合理的价格、提供便捷的购买方式等方式提升单位时长订单转化率。

订单价是指用户购买产品或服务的价格。订单价的高低直接影响到你的销售额和利润。因此，提升订单价是提升私域GMV的有效途径。你可以通过提高产品或服务的质量、设置合理的价格策略、提供增值服务等方式提升订单价。

复购频次是指用户再次购买产品或服务的频率。复购频次的高低直接反映了用户对你的产品或服务的满意度和忠诚度。因此，提升复购频次是提升私域GMV的关键。你可以通过提供优质的售后服务、设置会员制度、提供个性化推荐等方式提升复购频次。

这五个方面相互影响，相互促进，共同构成了私域GMV的五大驱动力。只有全面提升这五个方面的性能，才能有效提升私域GMV，从而提升企业业务增长。

7. "FACT"：商家自播（Field）、达人矩阵（Alliance）、营销活动（Campaign）和头部大V（Top-KOL）

在数字化时代，商家自播已经成为一种新的营销方式。商家自播，即商家通过自己的直播间，向消费者展示商品，解答疑问，提供购物体验。这种方式的优势在于，商家可以直接与消费者进行互动，了解消费者的需求和反馈，从而更好地调整产品和服务。同时，商家自播也可以提高品牌的曝光度和知名度，吸引更多的潜在消费者。

商家自播的实施需要商家具备一定的直播技能和专业知识。首先，商家需要选择合适的直播平台，如淘宝直播、抖音直播等。其次，商家需要准备直播的内容和形式，如产品介绍、试用体验、互动问答等。最后，商家需要定期进行直播，以保持与消费者的联系和互动。

达人矩阵是FACT营销模式的另一个重要组成部分。达人矩阵是指商家与各类达人建立合作关系，利用达人的影响力和粉丝基础，推广商品和服务。达人可以是网红、博主、KOL等，他们在某个领域具有专业知识和影响力，能够吸引大量的粉丝和关注者。

达人矩阵的实施需要商家与达人进行深度合作。首先，商家需要根据商品的特性和目标消费者的需求，选择与之匹配的达人。其次，商家需要与达人进行深度沟通，明确合作的目标和方式，如推广的商品、推广的时间、推广的形式等。最后，商家需要对达人的推广效果进行跟踪和评估，以便进行调整和优化。

营销活动是FACT营销模式的重要手段。营销活动是指商家通过举办各种活动，如促销、折扣、赠品等，吸引消费者的注意力，刺激消费者的购买欲望。营销活动可以在短时间内提高商品的销售量和销售额，提升品牌的影响力和知名度。

营销活动的实施需要商家进行精心策划和组织。首先，商家需要确定活动的目标和主题，如提高销售量、提升品牌知名度等。其次，商家需要设计活动的具体内容和形式，如折扣优惠、赠品赠送、抽奖活动等。最后，商家需要对活动的效果进行跟踪和评估，以便进行调整和优化。

头部大V是FACT营销模式的关键角色。头部大V是指在某一领域具有高度影响力和粉丝基础的人物，他们的言行能够影响大量的人，具有很高的商业价值。商家可以通过与头部大V的合作，快速提升品牌的知名度和影响力，吸引更多的消费者。

头部大V的合作需要商家进行精细化操作。首先，商家需要选择合适的头部大V，根据商品的特性和目标消费者的需求，选择与之匹配的头部大V。其次，商家需要与头部大V进行深度沟通，明确合作的目标和方式，如推广的商品、推广的时间、推广的形式等。最后，商家需要对头部大V的推广效果进行跟踪和评估，以便进行调整和优化。

FACT营销模式是新时代电商直播的有效策略，它结合了商家自播、达人矩阵、营销活动和头部大V四种方式，全方位地提升了品牌的知名度和影响力，吸引了大量的消费者。然而，FACT营销模式的实施需要商家具备专业的知识和技能，需要进行精细化的操作和管理。只有这样，才能在激烈的市场竞争中脱颖而出，实现品牌的持续发展。

8. 社交红利 ＝ 信息 × 关系链 × 互动

关系链是社交红利的另一个重要组成部分。在社交网络中，每个人都是一个节点，每个节点都与其他节点通过各种关系连接在一起，形成了一张巨大的关系网。这个关系网就像一座桥梁，连接着人与人之间的距离，使得人们能够跨越地域、文化、语言等障碍，进行有效的交流和合作。关系链的价值在于，它能够帮助人们获取更多的信息，扩大自己的影响力，实现自己的目标。因此，我们可以说，关系链是社交红利的桥梁。

社交红利=信息×关系链×互动，这个公式揭示了社交红利的本质和价值。在这个信息爆炸的时代，应该学会利用信息、关系链和互动，获取和创造社交红利，实现自己的价值。

第二节　数字时代技术对流量市场信息传播模式的影响

随着互联网飞速发展，中国网民数量已趋于稳定，新增用户、活跃时长、流量红利等几乎已触达天花板。但品牌之间的激烈竞争只增不减，都在寻求更新的流量解药和更有效的营销方式。社交生态的不断完善为私域流量提供了更成熟的生长土壤。[①]

---

① 段淳林.KOC：私域流量时代的营销新风口[J].中国广告，2019，313（11）：115-116.

一、私域流量市场画像

私域流量的概念源于电商行业,通过多种线上平台,完成粉丝流量转化,可实现与用户直接对话,基于人际间的情感链接完成"信任变现"。其内涵是反复利用、低成本、直接触达用户的企业或个人的私有流量。[①] "私域流量"拥有三大属性:为私人所有和把控、能够反复触达、能够免费使用。

私域流量的早期来源为购买+导入,流量多因各平台KOL/KOC吸引而聚集,后基于信任在微信个人号、企业号等私人性社交平台形成以信息传递方为中心的半封闭流量环。成熟的私域流量池的应用,能够帮助企业进一步垂直细分市场,提高产品复购率,池内用户忠诚度高、黏性强,产品交易主要出现在品牌的忠诚者与了解者之中。

私域流量的传播学特征是相对公域流量而言的。公域流量是指初次主动或被动参与到开放平台的内容曝光中的流量。常见的公域流量可分为四大类型:电商生活平台、信息平台、社群平台、短视频平台。对企业而言,公域流量的来源除了用户随机访问进入以外,最主要为流量购买,即付费发布广告和特定信息吸引流量;通过一定的购买机制,平台使用算法推荐帮助企业引流。

表3-3 私域流量与公域流量对比

	流量来源	转化率	流量持有性	影响购买的因素	用户黏性/忠诚度	用户忠诚类型	用户流动性
私域流量	购买+导入	较高	长期存续	熟人推荐/KOL或KOC粉丝效应/品牌口碑	高	品牌忠诚者/兴趣者	低
公域流量	随机访问+购买	低	一次性	产品质量/产品价格/广告效果/促销活动	低	品牌陌生者	高

二、私域流量市场信息传播模式

数字时代技术的主要特点包括高度的信息化、网络化和智能化。首先,高度的信息化使得信息的传播速度和范围都得到了前所未有的提升。其次,网络

[①] 康彧.私域流量:概念辨析、运营模式与运营策略[J].现代商业,2020,576(23):10-12.

化使得信息的传播不再受到地域的限制，全球的信息可以在瞬间实现共享。最后，智能化使得信息的传播更加精准和个性化，可以根据用户的需求和喜好进行定制化的信息推送。

数字时代技术提升了信息传播的效率，扩大了信息传播的范围，提高了信息传播的精准度，并且促进了信息传播的个性化。

首先，提升信息传播的效率。在数字时代，通过互联网和移动通信技术，信息的传播速度大大提高，信息的传播效率也随之提升。这使得流量市场的运营者可以更快地获取和传播信息，从而提高了流量市场的运作效率。

其次，扩大了信息传播的范围。在数字时代，通过互联网和移动通信技术，信息的传播范围得到了进一步扩大。这使得流量市场的运营者可以覆盖更广泛的用户群体，从而扩大了流量市场的规模。

再次，提高了信息传播的精准度。在数字时代，通过大数据和人工智能技术，信息的传播可以更加精准。这使得流量市场的运营者可以根据用户的需求和喜好进行定制化的信息推送，从而提高了信息传播的效果。

最后，促进了信息传播的个性化。在数字时代，通过大数据和人工智能技术，信息的传播可以实现个性化。这使得流量市场的运营者可以根据每个用户的特性进行个性化的信息推送，从而提高了用户的满意度。

三、私域流量市场运营模式

现阶段私域流量的运营载体包括个人微信、企业微信、社群、小程序、微信公众号、关键意见领袖（KOL）/关键消费领袖（KOC）等。在基于微信的私域流量池搭建流程下，按照私域电商在社群运营中目标客群、经营范围和提供服务的差异，衍生出几种典型的私域电商运营模式：购物伙伴、领域专家、私人助理。

购物伙伴是微信平台内存在最多的一种电商形式，也就是所谓"微商"。多是以电商平台个人商家为主导，依托个人微信，实现小范围经营。但因为个人运营，缺乏品牌背书，不受微信平台保护，产品真假得不到保障，存在一定的购物风险。

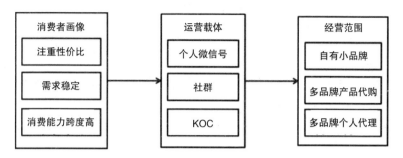

图3-1　购物伙伴运营模式

领域专家主要依托于微信公众号、社群等进行运营,品牌方在某一领域内专精,定期发布质量高、专业性强的内容吸引粉丝,有能力组织线下活动。领域专家具有品牌背书,购物风险相对较小,消费者可通过相应手段维权。

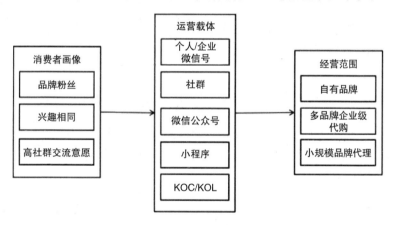

图3-2　领域专家运营模式

私人助理通过社交平台为消费者提供私人定制化服务,该模式拥有两种运营形式,即企业品牌运营和个人品牌运营。企业品牌的消费者基于品牌口碑进行消费选择;个人品牌的消费者基于信赖关系进行消费选择。

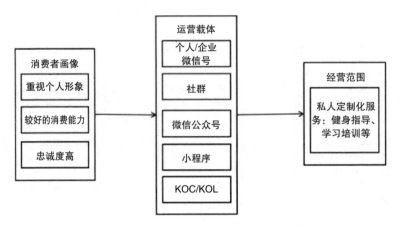

图3-3 私人助理运营模式

四、私域流量市场引流模式

私域流量市场引流模式分为电商直接引流、KOC带新引流、线上媒体内容引流、出版业新媒体矩阵等。

1.电商直接引流

电商直接引流指通过各种手段，将消费者直接引导到电商平台进行购物。这种引流方式，不仅可以提高电商平台的流量，也可以提高消费者的购买转化率，从而实现企业的盈利目标。电商直接引流可有效提高流量、提高转化率、提高品牌知名度。

电商直接引流的具体方式包括短讯引流、回馈红包引流、直播引流等。第一，短讯引流。电商平台商家通过使用消费者信息发送短信或邮件，帮助消费者了解店内商品促销活动，吸引消费者进行重复购买、添加微信或关注微信公众号；第二，回馈红包引流。商家在产品包裹内放置回馈红包传单，吸引消费者添加个人账号，领取红包，完成引流；第三，直播引流。企业在各平台内建立品牌直播账号，进行直播宣传，利用上架产品或店铺链接的功能，可通过具有奖励性质的直播内口播内容鼓励消费者进入私域流量池。

2.KOC带新引流

流量池有一定用户存量后，商家鼓励熟客进行分享或从老用户中培养

KOC，吸引新客进入流量池。与KOL相比，KOC培养成本低，胜在真实性和渗透能力。KOC培养机制一方面激活了老客作为品牌"发言人"的自豪感，提升了老客的用户黏性；另一方面和老客圈层内的潜在消费者形成了良性的社交互动，促使潜在消费者同KOC产生交流，实现老客带新客的社交裂变营销。

中国特色互联网生态下短视频私域流量变现方式的边界在不断突破。MCN带动下红人电商带货，广告营销人士成为短视频平台主要的变现渠道。短视频带动斗鱼虎牙等直播平台崛起，直播打赏成为带动中国MCN流量变现的第三驾马车。作为新兴互联网，长视频影视剧和资源游戏有望成为短视频一个新风口。

3. 线上媒体内容引流

（1）软文诱饵引流。商家在各大自媒体平台有针对性地投放宣传软文，软文内放置个人流量池信息或公众号信息等。

（2）专业内容引流。品牌方通过小红书等内容分享型社群平台，分享专业性内容，精准吸引受众，打造清晰KOC/KOL品牌形象，形成稳定的粉丝群体后通过建立品牌粉丝群引流至微信流量池。

（3）话题引流。企业根据热点信息及时发布强感染力或煽动性内容，在短期内吸引粉丝，后期通过长期高质量内容输出实现用户留存。企业也会通过关联度低的话题进行引流。在各大社交平台培育营销号，前期通过内容分享、抽奖转发来聚集粉丝群体，具有一定粉丝基础后转变为卖货账号。

（4）页面弹窗引流（暴力引流）。通过浏览器网页弹窗进行引流：弹窗故事软文引流、网页跳转微信或其他外生软件。

4. 出版业新媒体矩阵 ①

在大平台流量价值发生嬗变的背景下，私域流量的经济价值越来越高。对于出版业而言，构建出版私域流量意味着拥有可免费、复购和直接触达的

---

① 王一佼.出版业私域流量运营初探——以"华理日语"新媒体矩阵为例[J].现代出版，2021，132（02）：85-88.

读者群[1]。

例如，华东理工大学出版社构建了"华理日语"新媒体矩阵，运营私域流量池，通过利用稀缺内容资源获取流量、发展多平台运营、实现多品类经营、提供服务精准用户的优质内容、运营各层次的用户关系等方式，在出版细分领域收获了良好的社会效益和经济效益。

第三节　算法、市场与私域流量的传播学研究方法

一、定性与定量结合的研究方法

为了研究用户行为、私域群组织结构、私域群内群体传播机制等核心问题，本书通过问卷调查等方式进行了《数字媒体时代私域流量市场的传播学规律问卷调查表（企业版）》调查，详见附录二。主要的研究问题包括：

1. 品牌方的私域载体。

2. 网民进入私域流量的动力。

3. 普通—热点—爆款转化机制，如何把握"燃点"，转化的原因是什么。

4. 粉丝关注行为、分享行为、购买行为和转介绍行为的发生动力。

5. 仪式构建和忠诚度关系，"新粉""铁粉""死忠粉""重量级粉丝"的孵化和维系。

6. 网民的脱粉行为调查。

7. 平均多大规模的私域群，传播效果最好（150定律，人类拥有稳定社交网络的人数为148人）。

8. 粉丝社群的中心节点：KOC的影响力，不同类型的意见领袖及作用。

9. 粉丝社群的开放程度。

---

① 聂书江.出版私域流量的构建与创新[J].中国出版，2020，No.489（16）：43-45.

从2022年2月开始，笔者开启了为期数月的私域流量市场研究。整个过程分为以下三个阶段。

在第一阶段，通过电话、微信语音等方式，约见不同行业不同品牌私域流量运营团队进行沟通，梳理私域流量行业面临的核心问题，这个过程持续了五个月时间，约见了超过100个品牌私域团队。根据第一个阶段中所记录问题，设置了双向问卷，调研用户和商家认知偏差。针对商家，调研主题为《数字媒体时代私域流量市场的传播学规律问卷调查表（企业版）》；针对用户，调研主题为《数字媒体时代用户的私域流量动力机制问卷调查表（用户版）》，完成了一份简要的私域调研问卷。

在第二阶段，向超过1000家企业发放了这份问卷，最后有超过560家企业手动填写了详细答案。

在第三阶段，与其中80家企业进行了焦点小组座谈会和一对一深聊，期望了解的问题包括：如何获取数字经济时代中国私域流量市场信息？企业当下在私域运营中的最大困惑等。

一对一深谈的调研问题，采取的是开放式框架。这种开放式问题需要手写作答，对填写者有较高要求，客观上使问卷回收率降低，但回收质量较高。

根据调研结果分析以及深度访谈，梳理出了本书提纲，并根据调研中呈现出的问题总结出私域运营五大痛点：基础运营、私域规划、订单转化、团队管理、对外需求。

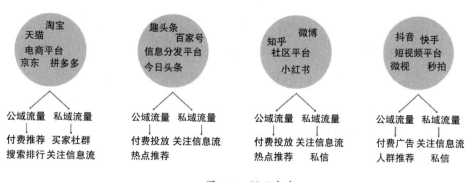

图3-4　微观角度

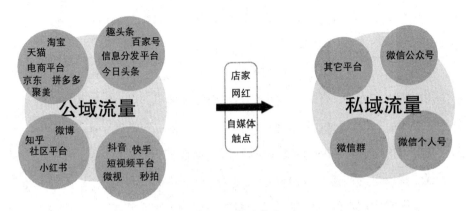

图3-5　宏观角度

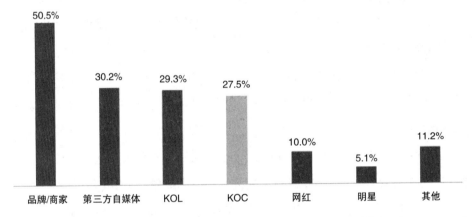

图3-6　2019中国主要营销方对网民消费决策影响力调查

数据显示，KOC的消费影响力远超网红明星。影响居民消费决策排在前三位的品牌商家、第三方自媒体、KOL占比分别占50.5%，30.2%，29.3%，仅次于KOL的是KOC占比达27.5%。分析认为品牌商家通常利用消费促销推广信息，影响消费者决策，第三方自媒体及KOL利用自身的背书效应影响消费者，KOC是具备较多消费体验的，普通人言论更具真实性，更容易引发消费者认同。

二、开放式框架分析：以短视频行业分析为例

开放式框架分析是一种研究方法，它强调从多个角度和层面对研究对象进行全面、深入的分析，而不是仅仅局限于某一特定的视角或层面。这种方法可以帮助我们更好地理解和把握研究对象的复杂性和多元性，从而做出更准确、更全面的决策。

在短视频行业中，开放式框架分析可以帮助我们从内容生产、用户行为、商业模式等多个角度，全面地理解和分析行业的发展现状和未来趋势。例如，我们可以从内容生产的角度，分析短视频的创新性、多样性和质量；从用户行为的角度，分析用户的使用习惯、需求和满意度；从商业模式的角度，分析短视频的盈利模式、竞争态势和发展前景。

"小程序、社群、直播"是和私域流量结合、绑定最多的运营场景，一度这四个组合被称为企业转型私域的基础运营四件套。

小程序官方商城是私域三大最强的落地转化场景之一。其他两个分别为"官方导购"和"超级社群"。

短视频行业已进入存量竞争。随着UGC向PGC、PUGC转变，优质内容成为核心竞争力。短视频行业在享受移动互联网流量红利的同时，兼有创作门槛低、碎片化和社交属性的特点，超越在线视频成为仅次于即时通讯的移动互联网第二大行业。随着流量红利见顶，头部马太效应凸显，内容制作由UGC向PGC、PUGC转变。MCN推动下优质内容成为竞争核心，占据极具流量资源的同步平台，不断探索多元化变现渠道和新商业模式。

短视频行业爆发增长阶段，短视频私域流量平台成为黑马冲出重围。快节奏短视频+完善推荐系统，推动私域流量平台的爆发式增长。行业激烈竞争下，短视频平台由单一的短视频业务拓展到更多应用场景，形成完整的吸引用户—留存用户—变现的生态链。MCN机构崛起下，短视频广告接单平台通过广告营销和电商带货，拓宽盈利来源。

短视频爆发，推动MCN机构加速孵化变现机制。中国MCN产业在经济宏观

环境中逆势爆发。一方面，由于中国短视频平台竞争激烈，迫切需要MCN公司推动内容精品化实现私域流量变现，因此纷纷推出扶持政策；另一方面，由于中国庞大的网民规模，形成特色独立的互联网生态成熟的电商环境，拓宽营收来源。

MCN模式带动下红人电商带货广告营销仍是短视频平台的主要变现渠道。作为新兴互联网市场的重要参与者，长视频影视剧和自研游戏有望成为短视频平台内容新风口。一方面极具流量资源和精准的算法匹配有助于解决用户需求问题，UGC向PGC的转变，促进短视频内容精品化并为进军长视频奠定基础；另一方面通过游戏公司的并购，短视频平台有望完成游戏买量向重度游戏自研的转变。

我国短视频行业市场规模依然较大，空间增长速度趋稳放缓。从2016年开始，中国短视频市场规模高速扩张，到2024年，短视频市场规模有望突破2000亿元。MCN机构的发展和商业变现模式的不断成熟，使得短视频成为互联网用户不可或缺的娱乐方式和私域流量的主要入口。

在短视频中，真人真声出镜增加了用户的信任感，使得品牌形象更加具象，但同时也增加了品牌人员流动引起的用户流失风险。相较于品牌，用户在情感层面对真人更容易产生信任和情感连接。

短视频平台在用户自发种草、拔草的模式下添加商业元素，通过一定的激励方式，调动用户自发参与即个人或品牌能够相对自主掌控其沉淀的用户、客户，并能够直接触达、无需付费、反复利用、自由运营。短视频私域流量即在短视频平台上积累用户、客户，搭建可自由利用的流量池，实现短视频用户价值的最大化。

三、内容分析法：以私域电商为例

内容分析法是一种研究方法，主要用于分析和解释传播的内容。它通过对信息的系统性收集、编码和统计分析，来揭示信息的含义和效果。在私域电商中，内容分析法可以用于分析消费者的购买行为、消费习惯、需求和偏好等信息，从而帮助企业制定更有效的营销策略。

在私域电商中，内容分析法的应用主要体现在以下几个方面。

1. 用户行为分析：通过对用户在电商平台上的行为数据进行分析，可以了解用户的购买习惯、喜好和需求，从而提供更个性化的服务和产品。

2. 用户反馈分析：通过对用户的评价、反馈和建议进行分析，可以了解产品的优点和缺点，从而进行改进和优化。

3. 竞品分析：通过对竞争对手的产品和策略进行分析，可以了解市场的趋势和竞争态势，从而制定更有竞争力的策略。

虽然内容分析法在私域电商中有着广泛的应用，但是也面临着一些挑战，如数据的获取和处理、分析的准确性和有效性等。为了解决这些问题，企业需要采取一些对策，如建立完善的数据收集和处理系统，提高数据分析的技术和能力，以及加强与用户的沟通和互动。

私域电商的主要作用是降低用户的购买决策成本。私域电商中，售卖的本质不是商品而是服务。这事实上反映出社交的强势一面，也忠实反映出社交关系对用户的重度影响，更反映出私域电商的强势一面，即私域流量的供给足够多，且在影响决策、复购、裂变等关键用户行为中形成完整闭环。

在私域流量快速崛起的当下，大部分用户的消费行为越来不依赖于某个特定App（中心化电商），而是分散在不同社群、朋友圈、视频号等场景。这时，社交关系主导的好友推荐制才会激发高效的私域推荐和转化场景。

私域电商背后，是用户推荐方式、截流方式和决策方式、转化方式等系列行为发生着重大变化，同时因为提前侵入式的信息，随时随地出现在好友关系链的多个场景中，一些原本可买可不买（甚至用户没有购买计划）的场景，也因为"非标"服务、个性化介绍而转化为购买需求。

企业通过企业微信、社群等工具，直接和每一位用户连接。通常，我们将这一私域电商的出发点称为"和用户建立关系"。

从私域电商到新个体经济，再到范式革命，这是一个快速迭代往前走的过程。新的私域电商算法已经开始带来新物种、新生产工具。

　　企业微信、视频号、机器人技术等新的工具迭代会让B端效率越来越高。随着越来越多的场景通过机器和数据解决，效率会产生巨大飞跃，同时进入私域电商的门槛越来越低。其中，内容素材的制作、客服的响应、物流的查询等在未来1–2年就可以实现。电商场景较多，需要很长时间切分成一个个场景，在每个场景中迭代改进。相对来说，私域电商中新的社交场景下，部分功能重新开发反而是最难的，比如，种草信息、定向选品、定向返场等。在未来，卖货和技术在很长时间都会融为一体。因此一个可见的趋势，是个体品牌会大量崛起。

　　私域运营有一个明显特征，基于社群"人"的不同属性进行货的匹配。究竟是蚂蚁雄兵赢（小B），还是大象会赢（中心化电商App）？电商的心智入口，未来会在人（小B），还是在位置（中心化电商App）？

　　私域电商是30年一遇的新范式革命，也在加速推动新的、新一代电商模式的成型。在私域电商中，中心化已成过去式，小B与私域电商平台、品牌商的协同，就像一个不断进化的BNS协同网络（Business Networking Services，指商业性网络服务，在电商领域更多称为卖家协作关系平台，以帮助小B们实现会员、营销、商品等多种资源共享）。

　　随着互联网发展上半场的结束，国内移动互联网步入存量时代，流量市场的主导者由社交营销转向内容营销，一时间搜索流量、社交流量、内容流量并存。众所周知，传统营销以大众传播的漏斗方式争夺公域流量。投钱投流量做转化，再投钱再抢流量再转化，但如今的情势是投放断了、转化没了、企业越来越没有耐心、消费者越来越挑别、获客成本越来越高。

　　正是在这一大背景下，私域流量成为人们关注的焦点，成为现在和未来发展中提升扩大营销业绩的必选项。私域流量本质上是一种全方位的客户关系，指的是个人拥有完全支配权的账号所沉淀的粉丝客户，即在此内容上形成了可以直接触达、多次利用的流量。私域流量池是一种向经营用户的巨大转变。营销者所经营的粉丝或用户不再是单一产品一次性引流带来的受众，经营用户所造成的黏性可能形成一次获客而多次交易，即交付行为这些流量只属于特定的营销者而非平台的竞价。

　　现阶段人们对私域流量认知还不足，对于私域流量的经营处于初级阶段，其实私域流量是一种客户关系的蓄积运维和价值投喂以及在此基础上的信任合作共富关系的构建和彼此成就，它的本质是全方位的客户关系，它的运维关键是关系的认同和价值与生活方式的契合。未来几年私域电商会成为一个新电商巨头孵化之所。私域电商，是社交和电商两大超级赛道的相交和结合。

第四章

新技术新媒体下的
传播创新扩散

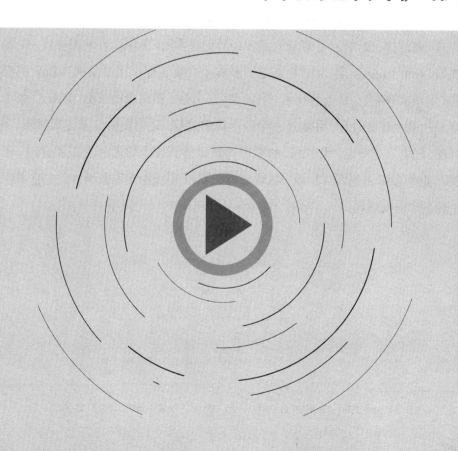

现代媒体科技广泛运用于各类文化生产实践活动中，在私域流量领域掀起了新技术革命的旋风，已经引发了人类信息传播生态和传统文化业态的迭代更新。特别是近年来，中国大力发展的新媒体新技术正在不断赋能私域流量市场新发展。云计算、大数据、物联网、人工智能、区块链、5G等新一代信息技术的迅猛发展，深刻改变着人们获取知识、传递信息的渠道和方式，推动信息传播和经济社会结构发生深刻变革。信息技术的更新迭代，产生了新技术新媒体驱动下的创新扩散，带动了私域流量的形式、内容及模式创新，数字内容、动漫游戏、视频直播等基于互联网的新业态，已经成为私域流量发展的新动能和增长点。

作为互联网产业与数字科技逐渐融合而产生的一种新经济形态，数字私域流量新业态不仅具有创意性、引领性、低消耗、可持续的鲜明特点，而且对转方式、调结构、促消费、扩就业有着积极的促进作用。美国学者埃弗雷特·M.罗杰斯（E.M.Rogers）认为，"创新是一种被个人或其他采用单位视为新颖的观念、实践或事物"，是指新技术、新产品、新方法、新观念的总称；创新扩散是指一种基本社会过程，并通过一个社会构建过程，某创新的意义逐渐显现。[①]目前，随着人工智能、大数据、物联网等新媒体新技术的进一步普及应用，相关产业业态不断创新与扩散，私域流量的新模式新业态不断演进，正迎来新一轮的产业发展风口。

---

① [美]埃弗雷特·M.罗杰斯：《创新的扩散（第四版）》，辛欣译，中央编译出版社2002年版，第6页。

第一节 人工智能与私域流量

一、AI技术发展历程

人工智能（Artificial Intelligence, AI），诞生于20世纪50年代中期，1956年夏，约翰·麦卡锡、克劳德·香农、艾伦·纽厄尔等美国科学家聚集在美国汉诺佛小镇的达特茅斯学院进行了一场"如何用机器模拟人的智能"的研讨，会上提出"人工智能"概念，标志这一崭新学科正式成立。[1]目前，人工智能领域的研究包括机器人、语言识别、图像识别、自然语言处理和专家系统等。[2]

从20世纪50年代至今，人工智能学科经历三次发展浪潮，由计算智能，感知智能，逐渐走向认知智能。第一次浪潮发生于1956—1974年，以信息系统为主；第二次浪潮发生于1980—1987年，突出表现为算法取得突破进展，人工智能从理论研究走向实际应用；第三次浪潮始于1993年，至今，大数据仍处于推动人工智能深入发展进程中。

人工智能实际上是计算机技术的一个领域，该技术主要是对于人的智能行为进行延伸，集合了生物科技、电子科技等一系列新的科学技术；通过模仿人的智能和人的思维模式，进而研究出与人智能类似的机器。当前根据人工智能延伸出来的技术有机器人和图像识别技术等。在人工智能发展的过程中，其应用的领域也越来越广阔，成为人脑智慧的延伸，给人们的生活带来更多的便利。但是，人工智能不是对于人的行为单纯的复制过程，在未来有可能超过人的智力水平。人工智能涵盖的知识系统非常复杂，研制人工智能的相关人士必须要精通计算机知识，同时还要了解人脑思考和反应的机制和深刻的心理学知识等。目前，关于人工智能有三条定律：第一定律是阿什比定律，认为任何有效的控制系统必须与它控制的系统一样复杂；第二定律是冯诺依曼定律，一个

---

[1] 谭铁牛：《人工智能：用AI技术打造智能化未来》，中国科学技术出版社2019年版，第103页。

[2] 梁俊毅：《人工智能的发展及其认知意义》，《大众科技》2011年第3期。

复杂系统的定义特征一定包含对其行为的最简单描述；第三定律，任何一个简单到可以理解的系统都不会复杂到可以智能化形事，而任何一个复杂到足以智能化行事的系统都会太过于复杂而无法理解。[①]

总而言之，人工智能的诞生最初是为了能够帮助人类完成一些简单的工作。但是随着时代的发展，它将帮助人类完成更加复杂的、多元的工作。

二、AI技术与私域流量的深度融合

目前，虽然人工智能处于初级阶段，但人工智能已对私域流量产生了全方位、多层次的影响，不断推动着私域流量结构、运营模式等产生了一系列重大变化；同时，人工智能的普及也加速推动私域流量实践活动朝着智能化、精简化以及个性化的方向发展。

人工智能对于私域流量的影响主要体现在以下方面：第一，私域流量内容生成更加智能，写稿、发稿更加简单、快捷；尤其是可辅助写稿。能根据算法在第一时间自动生成稿件，瞬时输出分析和研判的写稿机器人就是典型代表，它可以在短时间内完成写稿、发稿，这远远要比人工撰稿更迅速、更精准。第二，越来越多的传媒企业开始加入新媒体的研发和服务。比如苹果公司以机器人产业为基础，开发出了识别面部情绪的手机功能。第三，私域流量流程越来越精简、高效。原有的传媒行业依靠人工，从产品研发到服务整个过程比较缓慢。人工智能等新技术开启的智能化媒体时代，媒体机构正在加快推进人工智能在采编业务中的应用，通过建设以智能技术为基础、以人机协作为特征、以大幅提高生产传播效率为重点的智能化编辑部等实际举措，大大降低了私域流量流程，提高私域流量发展速度。

此外，人工智能让文化内容更精细、更碎片化。在传统的私域流量中，内容素材采集、生产全都依赖于人工。这种方式不仅传播效率低，且目标受众不明显，不能满足用户的个性化需求。但是，人工智能不仅可以使人人都成为文

① 谭营：《人工智能之路》，清华大学出版社2019年版，第66—68页。

化产品生产者,同时可以对用户进行精准分析、定位,并根据用户的兴趣、爱好定期推送用户感兴趣的内容,实现用户的个性化阅读。

同时,人工智能让文化生产更具有互动性、高效性。传统的文化产品生产中,用户与生产者交流、互动不多,且生产效率极低,周期非常长,这也是传统私域流量被迅速淘汰的根本原因。但是,人工智能的广泛使用不仅可以改变传统的私域流量发展模式,同时在产品生产、推广等过程中,生产者、用户完全可以实现实时互动、交流,甚至可以依据用户的需求定制专项文化产品,满足用户的使用需求。

目前,人工智能已大量应用到电影角色和大型战略游戏中。如电影《流浪地球》的制作中使用了大量的人工智能技术,展现出前所未有的视听效果,令观众叹为观止。一些国际公司,比如脸书(现名Meta)和谷歌Deepmind,竞相研究《星际争霸》《祖玛的复仇》等游戏。2017年,OpenAI公司机器人,打《刀塔》游戏,打败顶级人类玩家;OpenAI Five每天都会玩180年的游戏,通过自我游戏的方式学习队伍比赛的取胜策略,使用深度学习中的强化学习技术学习刀塔AI;《初音未来》音乐游戏,虚拟偶像,以机器人为主角并使其像人类一样发展的游戏,都持续在为游戏产业赋智赋能。

随着美国OpenAI于2022年11月30日发布聊天机器人程序ChatGPT,它能根据聊天的上下文进行互动,甚至能完成撰写邮件、视频脚本、文案、翻译、代码,写论文等任务,标志着AI在私域流量方面的创新扩散进入指数增长阶段。未来,随着人工智能理论和技术的日益成熟,私域流量与人工智能将深度融合,迎来更为广阔的发展空间,助力私域流量高质量发展。

第二节　以5G、6G为代表的新一代移动通信技术与私域流量

一、移动通信技术发展历程

我国移动通讯技术大概经历了1G空白、2G跟随、3G突破、4G并跑、5G领先、6G探索几个阶段。在1G移动通信时代，基于模拟和蜂窝技术，主要以语音为中心，其功能非常有限，仅能服务于军事、政府机构和名人等市场。20世纪90年代初期，我国开始向2G演进，首先是市场扩张，从小众客户到大众客户的扩张；其次，我国移动通讯技术开始了从模拟技术向数字技术的进程演变，到20世纪90年代后期，2G市场变得成熟和饱和，激烈的竞争导致了移动服务提供商的收入降低，服务提供商认为移动增长的未来主要在于通过互联网提供多媒体服务。而日本的NTT Docomo（当时全球最大的运营商）率先通过新的WCDMA技术实现3G，这对当时使用GSM的TDMA技术的运营商来说是一个伟大的创新；随后，服务提供商在2000年初开始采用3G，最初推动3G发展的是WCDMA和CDMA2000技术，并在语音和数据容量方面提供了显著的改进。

2009年，中国3G牌照正式发放，移动通信网络迅速建立，欧洲（WCDMA）、美国（CDMA2000）、中国（TD-SCDMA）的3G标准呈现竞争兼容态势。2010年，业界提出信息技术（IT）与通信技术（CT）融合。2012年，移动互联网加速物理世界和数字世界深度融合。2014年，中国4G牌照发放，与国际时差缩短，带动消费级需求的爆发；同年，核心网已与大数据、物联网、云计算等领域融合，数字生态链初现端倪。

随着互联网的普及和在线内容越来越流行，很多服务可以通过适当的技术提供给移动设备。以2019年全球主要市场发放5G牌照为标志，5G时代开启。5G与之前技术并跑兼容：2G与3G面临减频退网，4G和5G也将经过一段时间协同发展。5G创造了万物互联的开端，并有望带动信息需求从消费级需求向工业

级需求转移。同时，中国产生第一批5G基站、5G芯片、5G手机，产业发展呈现创新苗头，未来发展需要进一步融合创新。

目前，5G正处于加速推广阶段，以增强移动设备的体验和整个通信技术生态系统，包括物联网（IoT）、移动车辆（V2X）和增强型移动宽带（eMBB）体验，并带来很多垂直行业，如医疗、农业、汽车等领域的融合创新应用。而6G也已经从实验室阶段进入战略部署阶段。2023全球6G技术大会于2023年12月召开，共同探讨6G作为未来数字世界的"超级基础设施"，如何支撑人、机、物的多维感知、泛在智联，赋能全社会数字化转型。

未来6G时代的数据服务，特别是用户数据的收集会更加准确，数据信息的分类会由于人工智能的不断完善更加精确。在用户端，人物画像更精确，从年龄到性格到消费喜好，都会被云端识别。在数据端，根据数据种类的不同，可以根据不同用户的不同特点，打上更精确的数据标签。有专家认为，将来6G将会被用于空间通信、智能交互、触觉互联网、情感和触觉交流、多感官混合现实、机器间协同、全自动交通等场景，对我们生活产生全方位、深层次的重大影响。

二、以5G、6G为代表的新一代移动通信技术与私域流量的深度融合

随着以5G、6G为代表的新一代移动通信技术的推广，私域流量的获取、裂变、激活、保留和实现将变得更加分散、多样化、智能化和社会化。研究机构QuestMobile最新发布的《中国移动互联网半年大报告》总结了中国移动互联网的最新特点，可以概括为四个关键词：5G、下沉、全场景、私域流量。5G的快速发展和普及或将重构现有的商业形态。由于公域流量日益面临天花板，私域流量越来越受到广泛关注，专注于"以人为中心"、倡导"体验式购买"的社交电商，在5G时代将收获新的红利。

目前，5G、6G技术对私域流量的深度融合主要表现在以下四个方面。

第一，技术创新推动私域流量数字化发展。5G智能时代，以5G通信技术、

4K/8K超高清视频信号及以VR、AI为代表的高新技术创新，推动了私域流量的数字化发展。

在广播电视领域，5G情境下节目制播方式的改变，不仅为受众带来及时高效的全方位沉浸式观感体验，也为媒体行业运作模式升级提供了契机。在新闻出版领域，5G加速阅读方式从线下纸质图书向线上移动端转变。在大数据、云计算的辅助下，供应商可根据用户偏好及阅读习惯，提供个性化推送服务。在文旅领域，"5G+VR"协助景区实现对游客的吸引，并通过智慧化与数据库建设，对游客偏好精准预判，提升景区游客满意度。

随着5G时代的到来，物联网、人工智能和大数据将实现深度协同发展，私域流量生产与消费方式将面临重塑，将进一步塑造私域流量数字化特征。以第五代移动通信技术为例，高性能、低延时、大容量的特点使得直播设备向轻量化、移动化、单体化、智能化、无线化方向发展。例如以往媒体直播报道需要卫星小站、转播车、切换台、4G背包等设备，5G技术日益成熟之后，一部手机即可实现信号采集、转换、传输功能。同时，随着5G应用范围扩大，4G网络背景下无法实现的VR、AI应用，在5G技术的支持下成为可能；短视频将在移动端扮演更重要的角色，人机交互的产品将不再卡顿，视频播放门槛将进一步降低，私域流量的数字化、移动化趋势加强。

第二，催生私域流量新生态、新业态。5G通信技术的革新及相关商业应用的增长，推动了社会经济格局的转变。在我国区域经济发展差异较大的情况下，传统产业的解构与重构，将促使私域流量规模和业态的不断增长，进一步推动私域流量的迅猛发展。从PC端到移动端、从资讯到服务，从文字阅读到视频传播，以5G、6G为代表的新一代移动通信技术带来私域流量市场发展的机遇。企业的服务与内容有很大区别，内容传播越广泛越好，而企业服务则要求用户有需求时，企业要以最简洁、最迅速的方式触达用户。消费者喜欢便捷、简洁的服务，追求精准化场景推送服务。而企业这一方，公域流量成本越来越高，企业在这一阶段花费巨额成本获得的用户，如果不持续运营就抛弃的话，会造成资源浪费和效益损失，这促使其推出最高效的服务方式，不断提升用户体验。消费者追求便捷服务，企业追求最短连接路径，这是私域流量发展的两大推动力。因此，5G时代，移动互联网下半场企业服务的必然趋势是从公域转向私域。

第三，私域流量运营模式不断创新。5G集智能化、数字化及信息高速传输等多种优势于一体，在终端多样化应用、均衡化文化产品服务与消费中扮演着重要角色。在"5G+"新业态的引领下，私域流量运营模式的创新应用步入新阶段。比如，"多平台联动"运营模式。依托于5G网络平台的私域流量正处于向智能化平台跨越的新时期，5G与VR、AR等技术的融合突破时空局限，与媒体、旅游、游戏等产业联动，应用场景不断扩展。再如，"短视频与直播平台"运营模式。短视频与直播平台在5G背景下赋予私域流量全新的创造力。5G为普通大众成为内容制造者提供了大容量存储、高速率传输、超高清视频等技术支持，使"人人皆可为媒"。短视频平台基于用户个性化需求广泛应用于文创品牌的推广，并根据用户的多样化文化需求提供在线化实践。

第四，私域流量结构加速转型升级。5G技术促进私域流量高质量发展，为传统私域流量转型升级提供了契机，催生出数字化、智能化私域流量新业态。5G技术的成熟给私域流量带来了新的机遇与挑战，也为实现私域流量跨越式发展提供了契机，但有关部门需进一步加强管理，细化对私域流量的监管，制定移动互联网产业发展战略规划和政策法规，加大对算法、云计算等专业科技人才的培养力度，引导行业协会加强对传播技术标准的制定与指导，强化对商业化行为的监督。

第三节　虚拟现实与私域流量

一、虚拟现实技术发展历程

虚拟现实技术的开发，最早可以追溯到20世纪五六十年代，而其快速发展起来则在近十年，国内业界形象地将2016年称为VR元年。该技术主要包括虚拟现实（Virtual Reality）技术和增强现实（Augmented Reality）技术，是各种新媒体的综合体，本质都是基于新媒体交互技术的智能终端。其涉及的头盔、眼镜、手套、手柄等设备都是在手机以后的智能终端的拓展，可以帮助用户实现全身心的投入并进入到深层次的互动与交流。

虚拟现实（Virtual Reality），也称灵境技术或人工环境，主要是利用电脑模拟产生一个三维空间的虚拟世界，提供使用者关于视觉、听觉、触觉等感官的模拟，让使用者如同身历其境一般，可以及时、没有限制地观察三度空间内的事物，主要有沉浸性、交互性和构想性三个特性。

增强现实（Augmented Reality）技术是一种将虚拟信息与真实世界巧妙融合的技术，广泛运用了多媒体、三维建模、实时跟踪及注册、智能交互、传感等多种技术手段，将计算机生成的文字、图像、三维模型、音乐、视频等虚拟信息模拟仿真后，应用到真实世界中，两种信息互为补充，从而实现对真实世界的"增强"。

虚拟技术的发展历程大致分为三个阶段：第一阶段在20世纪70年代以前，是虚拟现实技术的探索阶段；第二阶段为20世纪80年代初期到20世纪80年代中期，是虚拟现实技术系统化、从实验室走向实用的阶段；第三阶段为20世纪80年代末期到21世纪初，是虚拟现实技术高速发展的阶段。[1]目前，VR硬件的演进历史可以大体分为如下三个阶段：

第一阶段，2014—2017年：手机VR、PC/主机VR初现。售价低且便携的手机VR成为消费者尝鲜设备。新潮的沉浸感体验使其迅速起量，VR设备出货量从2015年的200万台迅速增至2017年的780万台。

第二阶段，2017—2018年：受制于手机VR体验，PC/主机VR设备景气度下滑。受制于沉浸体验感欠缺，手机VR销量自2017年止涨转跌，2017年中国销售约470万台，2018年大幅降至170万台；而PC/主机VR聚焦于游戏，受众群体有限，且售价较高、便携性差，市场体量提升有限，但仍是市场主力。

---

① 张泊平：《虚拟现实理论与实践》，清华大学出版社2017年版，第170页。

第三阶段，2018—2021年：一体机VR接力并迅速抢占市场，VR设备复燃。基于芯片、算法、传感器的发展，一体机VR在沉浸、交互体验上显著改善，且便携性显著提升；VR企业积极建设应用生态，通过低价策略开拓市场。[①]

VR设备是将用户的感知带入由它创建的虚拟世界的设备，实现人与虚拟世界间的沉浸交互；MR（混合现实）设备在虚拟世界叠加真实世界信息，实现人、虚拟世界、真实世界间的初步融合；AR（增强现实）设备是指基于真实世界叠加虚拟世界信息，与MR设备的本质区别在于人与真实世界交互更直接，进而实现更自然的人、虚拟世界、真实世界之间的融合。笔者认为在这三者当中，设备发展以VR设备为基础，逐步实现技术积累，因此VR的硬件基础、VR与产业的融合将是大势所趋。[②]

美国市场调研机构（National Research Group）2022年针对2500名年龄在18岁至64岁之间的美国消费者进行了调查，包括消费者购买VR的情况，如何使用VR，以及他们对VR的想法和感受等。数据显示，70%受访者表示使用VR头显用来玩游戏，42%受访者使用VR设备看电影或看电视，29%用来上网，锻炼或健身则为35%，创作音乐或视频为22%。目前全球VR用户以40岁以下年轻群体为主，占比近80%，用户群体规模庞大。[③]

同时，在文化实践应用中，VR设备以虚拟信息为主，重点追求全沉浸体验。用户在佩戴VR设备时，主要接受设备创建的虚拟世界信息，达到完全沉浸的效果。从应用场景来看，VR设备当前应用场景相对明确，主要聚焦于游戏、直播、视频相关领域，占比分别约为50%、20%、17%，以To C为主。同时，近年来，VR技术在旅游领域的应用也越来越广泛，其提供更有趣且趋近真实的体验场景，给旅游业带来了新的发展空间。

①　张泊平：《虚拟现实理论与实践》，清华大学出版社2017年版，第170—172页。

②　徐子沛：《数据之巅：大数据革命，历史、现实与未来》，中信出版社2014年版，第83页。

③　《美国VR市场渗透率调查报告：13%家庭拥有VR头显，70%用VR来玩游戏》，映维网，https://mp.weixin.qq.com/s?__biz=MzAxNzI4MDUxNg==&mid=2650313688&idx=3&sn=aa22cbf6d7709faaad81700cbcd22e48&chksm=83ebc8b3b49c41a56ca850d14dde09ddd4940d7cba9d4cfcffe02242a354565195604411e779&scene=27，最后访问日期，2023年3月13日。

二、虚拟现实技术与私域流量的深度融合

目前，随着虚拟现实技术终端产品形态的不断创新、内容日趋丰富，其在私域流量领域已展开大量的应用。迈入发展新阶段，其主要应用于游戏与文化娱乐的虚拟化、直播教育场景的虚拟化、展览的虚拟化、文化旅游的虚拟化以及文化创作互动的虚拟化等领域。[①]

1.增强现实（AR）应用场景

（1）AR+直播+电商

随着中国跨境直播电商成为零售业的主流形态，直播电商模式全面发展，"直播+电商"的新零售业态加速兴起，不仅影响了人们的消费方式，也助推了企业拓展境内外市场。无论是中国还是海外，"AR直播+"新业态成为当下流量风口。国内外知名社交、电商、短视频平台纷纷加入跨境直播电商行业。

（2）AR直播+游戏

商业游戏化是将游戏元素及机制运用到非游戏场景中，进而改变人的固有行为模式。当游戏化被运用到商业领域的时候，就是一个将游戏机制和游戏元素与线下场景、商业服务、线上社区、内容入口以及促销活动相结合，进而让受众更加愿意主动参与其中的过程。将AR技术加入商业游戏化过程中，即AR游戏化，将是元宇宙时代下的典型应用之一。在现实空间基础上，构建一个平行世界，业界专家分析，AR游戏化将是一个云计算背景下AR直播业务新业态。

（3）AR直播+影视

越来越多的前沿科技、数字化内容正在推动文旅业线上线下一体化融合发展。AR直播+影视成为文化演出行业的"第二舞台"，为演艺经济带来新增量。

网络直播作为线上娱乐的重要组成部分，已经在发展过程中呈现出电商直播、体育直播、游戏直播、电竞直播、演唱会直播、秀场直播等多元业态。各

---

① 范周：《数字经济下的文化创意革命》，商务印书馆2019年版，第46页。

平台主体根据自身优势,发力垂类领域,已经形成相对清晰的赛道划分。

2. 混合现实（MR）应用场景

MR技术作为一种通用性技术,在很多行业内都能找到应用场景的结合点。基于混合现实技术的全息展示和空间定位等特性,目前在私域流量诸多细分行业中都具有显著的业务需求。在这些行业中,已经涌现出了不少成功的混合现实应用案例。

（1）MR+展览展示

在混合现实技术刚出现的时候,最多的应用场景就是展览和展示。在当时,对于所有人来说,MR绝对是酷炫和黑科技的代名词。用黑科技来展示自家的产品,或用来宣传企业形象绝对是一个不错的选择。从功能上讲,MR技术应用于展览行业的最大优势是交互式的全息可视化内容所能带给观众的冲击,这是一种类似科幻影片走进现实的震撼感受。MR技术非常适合展示体积庞大、结构复杂、精密昂贵的产品,这些产品不便于携带和拆解,很难让观众看到实物,或者了解其内部结构。通过混合现实技术为这些产品制作3D全息化的内容,就可以非常方便地在任何地方、任何场合展示产品的细节。

此外,在传统展台上经常会使用各种实物沙盘,用于展示城市规划、园区设计或建筑方案,但这些实物沙盘通常是静态的,无法产生大量动态内容。基于MR的虚实结合功能,我们可以将实物沙盘升级为混合现实沙盘,参观者通过混合现实眼镜将能看到建筑的施工过程、3D交通工具的穿行效果、目标对象的详细介绍等。各种各样丰富有趣的可视化内容可以让静态的沙盘动起来。

（2）MR+教育教学

在教育行业,开发者可以根据不同的学习需求开发全息教学内容,让学生们在新奇的全息互动式体验中完成知识点的学习。这种新颖的教学方式一方面可以激发学生们的学习热情,另一方面可以把一些复杂的知识点通过交互式模型动画形象地展示出来,可以加深学生对学习内容的印象。目前来说,MR头戴式设备比较适合中学及以上年龄段的学生,对于低龄学生或学龄前儿童并不完全适用。

相对于普通学校教育，职业教育的细分领域对于MR技术的需求更为明显。职业教育主要关注在技能培训和操作能力的提高，但一些复杂操作技能，比如汽车维修，很难给予学生充足的实际上手时间。同时，在学生进行实际操作的时候也需要有人一直确保其操作准确性，以免发生人员伤害或设备毁损的情况。MR技术可以将培训教学内容虚拟化，并与教学现场的环境和实物叠加起来，通过虚实结合的方式辅助学生掌握操作方法。而且虚拟化的培训内容可以反复播放，实现学生独立学习的需求。

此外，MR具有虚实融合、深度互动、实现异时空场景共存等三大应用特征。

（1）虚实融合

MR先把真实的东西虚拟化，然后叠加到虚拟世界里，在新的环境中现实和数字对象共存；MR在现实场景呈现虚拟场景信息，在现实、虚拟和用户三者之间搭建起交互反馈的信息回路。以混合现实学习环境（Mixed Reality Learning Environments, MRLE）为例，既可将虚拟学习资源融入真实教学环境中，也可将真实学习资源融入虚拟教学环境中，MR是一种由现实世界与虚拟世界交叠融合而成的环境，可以弥补物理空间无法提供的真实情境，带来更逼真的用户体验。

（2）深度互动

MR的交互性主要体现在两个方面：

一是人与MR场景的交互。MR结合了VR和AR的优势，可实现人与MR场景的深度交互。依托于传感技术，用户在体验的过程中能够感知MR环境中的画面变化、震动、语音等多方面的实时信息反馈，并能够通过触摸、手势、体感、语言等多种形式与MR环境进行交互，进而形成了一种自然有效的信息回路。

二是MR环境下人与人的交互。MR能够为用户提供更丰富有效的交流互动手段。该特征与教育结合，可以进行在线学习、模拟仿真、具象教学等方面的应用。

（3）异时空场景共存

MR在实现虚拟与现实深度融合的同时,可将不同时空下的场景通过计算机技术进行结合,实现异时空场景共存,也可将位置不同的学习者的虚拟影像耦合连接在同一个在线虚拟的环境中。

此外,随着虚拟现实技术的迭代发展,未来以下五个技术领域或将为私域流量沉浸式、情感体验化升级发展持续赋能。一是近眼显示技术,即头戴式显示器(HMD)或可穿戴显示器,可在一只眼或两只眼的视野范围内创建一个虚拟图像。现阶段所采用的快速响应液晶屏、AMOLED与OLEDoS技术均为成熟的可量产屏幕技术,近年内仍然是虚拟现实的主流显示器件及技术；[1]二是渲染技术,虚拟现实强交互所需的渲染倍数负载比以往的游戏渲染要高出多个等级。现阶段行业内部聚焦的技术手段为:视点渲染(视网膜渲染)、(混合)云渲染、新一代图形借口、渲染专用硬加速芯片(异构渲染)等；三是感知交互技术,良好的沉浸感需要通过提高视觉、触觉、听觉等多感官通道的一致性体验,以及不断提升对于环境空间的精确理解来实现；四是网络传输技术,需要突破现有技术、探索网联云化机制,不断提升设备的可移动性；五是内容制作技术:虚拟现实下的传播成为有效集中注意力的手段,为私域流量内容制播模式创新注入了新活力。

第四节　大数据与私域流量

一、大数据技术发展历程

1983年托夫勒写的《第三次浪潮》里就提到过大数据了,并且论断:大数据将是第三次浪潮中的华彩乐章。当然,那个年代大数据就像褴褓中的婴儿,它距离改变世界还有很长的路要走,直到有技术有能力处理大规模数据,大数

---

[1]　朴春慧、王正友:《信息技术融合新进展》,武汉大学出版社2018年版,第75页。

据在这一刻才真正地成为我们口中所说的"大数据"。大数据技术，被不少专家认为起源于Google在2004年前后发表的三篇论文，也就是"三驾马车"，分别是分布式文件系统GFS、大数据分布式计算框架MapReduce和NoSQL数据库系统BigTable。

其实，大数据技术的历史可以追溯到20世纪50年代，当时由IBM开发的第一台大型计算机正式投入使用。随着计算机技术的发展，计算机的处理能力也在不断提高，因此数据的处理能力也在不断提高。1980年，"关系数据库管理系统"（RDBMS）被发明出来，它允许用户从大量数据中提取有用的信息，从而为企业提供了更多的灵活性和可扩展性。随着Web 2.0的发展，数据量进一步增加，大数据技术开始受到热捧。

1991年，道格·莱恩（Doug Laney）发表论文《三角数据：处理海量信息的机会》中，首次提出了大数据的概念。1995年，Google成立并开创了基于Web搜索的新模式，为大数据技术发展奠定了发展基础。1997年，IBM推出了DB2 Universal Database，开始支持多种数据库，为大数据开发提供了可靠的技术支撑。1999年，数据挖掘技术开始兴起，它是大数据技术的重要组成部分。2004年12月，Google发布了MapReduce算法，极大地提高了大数据处理的效率。2005年，Hadoop开源项目诞生，成为大数据技术的重要基础。

2009年，NoSQL数据库开始普及，大大降低了大数据存储的成本。2011年，Apache Hadoop被广泛应用于大数据分析，成为大数据技术的核心框架。2012年，随着云计算技术开始发展，为大数据技术提供了更多的可能性。2013年，Apache Spark开源项目诞生，成为大数据分析的重要框架。2014年，数据可视化技术开始兴起；2015年，大数据分析工具开始普及，2018年大数据平台开始普及。随后，大数据产业化应用迈入快速发展新阶段。

近年来，大数据技术方兴未艾，随着互联网、智能手机及传感器等的普及，信息流量有了爆发性的增长，大数据就是任何超过了一台计算机处理能力的庞大数据量。"大数据"首先是指数据体量（Volumes），它是一个体量特别大、数据类别特别繁多的数据集，大型数据集一般在10 TB规模左右，但在实际应用中,很多企业用户把多个数据集放在一起,已经形成了PB级的数据量。大数据的获得,主要通过数据挖掘、数据采集、数据存取、数据处理、模型预测等步骤来实现,并具有以下四个方面的基本特征:

第一,数据体量巨大。从TB级别,跃升到PB级别。

第二,数据类型多样。如前文提到的网络日志、视频、图片、地理位置信息等。

第三,价值密度低。以视频为例,连续不间断监控过程中,可能有用的数据仅仅有一两秒。众所周知,大数据已经不简简单单是数据这一事实了,而最重要的现实是如何对大数据进行分析,只有通过分析才能获取很多智能的、深入的、有价值的信息。

第四,速度快。"1秒定律",就是对处理速度有要求,一般要在秒级时间范围内给出分析结果,时间太长就失去价值了。这个速度要求也是和传统的数据挖掘技术有着本质的不同。物联网、云计算、移动互联网、车联网、手机、平板电脑、PC以及遍布地球各个角落的复杂性,所以大数据的分析方法在大数据领域就显得尤为重要,可以说是决定最终信息是否有价值的决定性因素。[①]

二、大数据技术与私域流量的深度融合

现阶段,大数据的身影无处不在,大数据产生的变革浪潮将很快覆盖地球的每一个角落。大数据创造了价值,大数据思维触发了新的价值增长。伴随着各种数据的迅速膨胀,人们将越来越多地意识到数据对企业的重要性。特别是随着数字经济的到来,物理社会和虚拟社会正紧密连接在一起。大数据也对人类的数据驾驭能力提出了新的要求与挑战,并为人们获得更为深刻、全面的"大数据"提供了前所未有的空间与潜力。哈佛大学社会学教授加里金说:"这是一场革命,庞大的数据资源使得各个领域开始了量化进程,无论学术界、商界还是政府,所有领域都将开始这种进程。"

大数据技术将流量工具作为前端抓手,通过各种营销手段吸引潜在客户。

---

① 徐子沛:《数据之巅:大数据革命,历史、现实与未来》,中信出版社2014年版,第172页。

这包括社交媒体广告、搜索引擎优化（SEO）、内容营销、电子邮件营销等。通过精准定位目标客户群体，商家可以在茫茫互联网大海中吸引到潜在的消费者，引导他们进入私域流量池。目前，大数据技术与私域流量的深度融合主要体现在如下四个方面：

第一，基于大数据技术的内容资源数据库。建立基于大数据技术的内容资源数据库可以对社会资源进行分类、管理和检索，为互联网产业提供可靠的信息基础。第二，基于大数据技术的产业分析。通过对传播信息进行大数据分析，可以有效地挖掘信息中隐藏的趋势，为互联网产业提供参考。第三，基于大数据技术的内容推荐。基于大数据技术，可以根据用户的兴趣和偏好，向用户推荐更加精准的内容，从而提升用户体验。第四，基于大数据技术的产品和服务定制。通过对用户行为的大数据分析，可以根据用户的兴趣爱好，对产品和服务进行定制，为用户提供更加精准的服务。

研究机构Gartner给出了这样的定义："大数据"是需要新处理模式才能具有更强的决策力、洞察发现力和流程优化能力来适应海量、高增长率和多样化的信息资产。大数据时代，大数据云计算平台需要接受来自不同地区和不同类型的信息，而且数量庞大。这就给大数据技术的发展提出了更加严格的要求，所以大数据技术下一步的发展方向应该是对于文件的存储系统的架构和设计。数据分析能力是大数据技术的核心技术，因为大数据除了能够存储和收集大量数据之外，最具有价值的功能就是能够帮助处理相关的数据，为行业提供更加具有针对性的意见和建议。

值得注意的是，大数据技术与私域流量的深度融合也会带来负面影响，比如算法推荐在新闻产品中的滥用或导致三个"陷阱"的产生：

第一，"标题党"文章泛滥。读某些客户端常有这样的体验：标题很"精彩"甚至极具煽动性，诸如"震惊""火爆""出大事了"，乃至"不转不是中国人"之类。但点开看了毫无信息可言，甚至夸大其词、无中生有。一个在实验室里的研究成果，可以说成大规模投入生产；一个普通规章出台，可以说成"影响世界"；一场军事演习，可以说成把某某国家吓得屁滚尿流。之所以有这样的体验，是因为海量数据的运算是基于点击，很多用户因为耸动的标题被吸引过去了，虽然他个人的体验很不愉快，但这个点击行为留下来了，又被算法捕捉到，进而推送给别人。如此形成了恶性循环，越多的人被吸引，它也会给这个新闻更多的权重，更会被推荐开去。

第二，低俗内容及情绪化内容泛滥。《互联网新闻信息服务管理规定》正式实施，再次强调了总编辑在网站的重要性。在对党和国家政策的理解上，在对重大新闻的舆论引导上，在对重要稿源的把握上，在有关内容导向的问题上，在对千万个自媒体人的引导上，总编辑和编辑是不可缺失的"看门人"。正如社会主义市场经济要兼顾公平和效率一样，智能时代新媒体的编辑仍然是保证公平的砝码。

第三，大众对于有价值内容的选择性遗忘。信息茧房困境形成，容易局限个人视野、加重群体极化、淡化社会黏性，就如同蚕蛹一般，始终被"茧房"束缚，不愿面对外部的世界和生活，导致真正有价值的新闻内容被大众选择性遗忘。公众容易被外部事物带动情绪，对事件的认知和看法也被评论带着走，一旦公共事件爆发，不同群体之间既缺乏沟通的渠道也缺乏沟通的意愿，或导致社会在思想层面分裂。

大数据技术可以改善私域流量的内容制作，提高制作效率和质量，提升私域流量的传播效率，更好地为用户提供服务。同时，大数据技术可以帮助私域流量收集、分析和利用用户行为信息，更好地满足用户需求，改善私域流量的监管能力，帮助私域流量避免不良内容的传播。大数据技术可以改善私域流量的数据分析，为私域流量提供更多的决策支持。

所以，我们一方面要认识到大数据对于私域流量的提振作用，另一方面也要对大数据可能造成的"算法陷阱"保持清醒。从技术层面看，大数据技术逐渐从数据的采集、存储、处理、分析等基本环节向数据管理、数据安全、交易流通等领域演化，已形成一个相对完整的庞大技术体系，并与人工智能、云计算、边缘计算、区块链等技术走向融合。

第五节　区块链与私域流量

一、区块链技术发展历程

区块链起源于比特币，是比特币底层技术之一。在比特币形成过程中，区块是一个一个的存储单元，它记录了一定时间内各个区块节点全部的交流信息。各个区块之间通过随机散列（也称哈希算法）实现链接，后一个区块包含前一个区块的哈希值，随着信息交流的扩大，一个区块与一个区块相继接续，形成的结果就叫区块链。[①]简言之，区块链就是一本全网记录所有已发生的比特币交易的公开账本。与一般的分布式存储方式不同，区块链分布式账本是同步的，而不是在一个账本形成之后再制成多个备份。系统中的所有数据以密码学方式保证其不可篡改和不可伪造性，并安全地分布式存储在数据块中。数据块按照时间顺序以链条的方式组合成特定的数据结构，最终构成了区块链。广义的区块链技术则是利用加密链式区块结构来验证和存储数据、利用分布式节点共识算法来生成和更新数据、利用自动化脚本代码（智能合约）来编程和操作数据的一种全新的P2P基础架构与分布式计算范式。

以往，互联网仅仅是重构了商业的一部分。当去中心化的信息网络与去中心化的价值网络融合后，商业一定会被完全、彻底重构。如今，区块链带来的是金融的重构，为数字经济提供一整套可信的新型金融服务体系，会催生新的金融市场、金融机构和金融服务方式，区块链技术主要有以下三点特征：

1. 分布式存储

分布式存储是区块链最本质的特征。分布式存储是指不存在占据主导地位的核心节点，区块链中的每个节点地位平等，而区块链中的数据由所有节点共同维护。同时，每个节点必须遵循相应规则，这些规则不是由某一特定节点

---

① 章刘成、张莉、杨维芝：《区块链技术研究概述及其应用研究》，《商业经济》2018年第4期。

制定,而是由基于密码学原理及共识算法的体系决定。所有数据及数据操作不需要核心机构或第三方机构背书,从而完成由对特定节点或机构的信任到对体系的信任的转变。

2. 安全性

在传统网络结构中,由于核心机构的主导地位,对核心节点的针对性攻击容易导致整个网络的崩溃。而在区块链网络中,由于每个节点的地位平等,攻击单个节点无法控制或破坏整个网络。如果需要修改单个节点的数据,就需要掌控网络中50%以上的节点,代价极高。因此区块链中的数据也有永久存储、无法篡改的特征(具备特定需求的私有区块链除外),从而提高了整个区块链系统的安全性和可靠性。

3. 公开性

公开性是去中心化特性的保证之一,是比去中心化更为底层的特性。区块链的数据、数据操作是对所有节点公开的。一方面需要信息真实、安全地记录;另一方面需要全员参与的监管,而最简单的监管方式就是将数据公开。

区块链有望成为数字经济的基础设施之一,全方位驱动数字经济的深度发展。区块链技术对于包括新私域流量在内的数字经济的影响主要体现在以下四个方面。

第一,区块链是技术基础。区块链的分布式网络确保了系统的稳健性和安全性;共识算法确保了参与者的广泛性和治理的公平性;智能合约确保了既定承诺的自动执行。

第二,区块链提供了数据资产化的手段。区块链是一种分布式账本的技术,它的记账方法不同于现代会计记账方法。分布式账本为我们建立了一个新的账户体系,我们称其为“数字账户”。数字账户体系里可以方便地记录各种数据资产,其中有新的数字记账单位——Token。而基于这些资产化的数据,我们可以建立一套真正适用于数字经济的新型金融服务,这将与传统的金融服务完全不同。

第三,区块链能实现分布式商业。在有了确权、资产化、金融服务和金融交易等要素后，结合博弈规则和经济学机制设计理论的帮助，就可以构建一整套分布式商业规则。这些商业规则都会变成算法、代码，然后在网上由机器来取代中介。我们把它叫作分布式商业，或去中介的自组织商业。

第四，区块链提供了隐私保护手段。区块链诞生在密码学基础之上，是基于非对称加密算法来构建的。此外，很多密码学的成果被用到区块链上，为区块链提供数据隐私保护和协同计算。[①]

二、区块链技术与私域流量的深度融合

区块链技术对于私域流量的影响深远，它降低了用户参与到文化生产、投资、传播和消费等全流程中的成本，并且很好地解决了其中涉及的权益分配不均、交易不透明和内容不公开等问题，极大激发普通用户的文化创作热情，助力私域流量版权收入的提升。

目前，区块链技术带来的各种已有和将有的革新可以分为三类：区块链1.0、区块链2.0、区块链3.0。其中，区块链1.0是货币，这方面的应用和现金有关，诸如货币转移、汇兑和支付系统。区块链2.0是合约，区块链技术在经济、市场、金融全方面的应用，其可延伸的内涵远比简单的现金转移要广得多：诸如股票、债券、期货、贷款、按揭、产权、智能资产和智能合约。区块链3.0就是超越货币、金融、市场之外的区块链应用，特别是在政府、健康、科学、文学、文化和艺术等领域。区块链技术对私域流量的深度融合与区块链3.0紧密相关。[②]

越来越多的企业基于区块链体系，打造价值生态圈，企业通过大数据分析技术精准定位目标客户群，再利用区块链技术，形成良性的、有激励机制的价值生态圈，这样，就不再需要高昂的广告费来获取用户信息，而是用户在交换数据，把主动权交给用户。假设赋予体系中的每个人一个数字身份，通过数据处理技术的设置，让每个数据都有价值，即不再依赖巨头企业的数据池；做到

---

① 丹尼尔·贝尔：《后工业社会的来临》，高铦、王宏周、魏章玲译，江西人民出版社2018年版，第128页。
② 程栋：《智能时代新媒体概论》，清华大学出版社2019年版，第90—92页。

数据集中化，基于大数据技术，结合用户的互联网习惯，分析用户的消费喜好、行为习惯等，精准定位目标客户群。区块链技术与私域流量结合的具体方向包括以下几个方面：

1. 区块链与数字版权

在文创领域，涉及版权和版权衍生，而区块链在版权保护、确权、追溯上，将提供便利、便捷的条件。数字版权是指各类出版物、信息资料的网络出版权，可以通过新兴的数字媒体传播内容的权利，包括制作和发行各类电子书、电子杂志、手机出版物等的版权。随着世界范围内数字时代的到来，大众的阅读方式已从传统纸介质向新兴媒体转移，有预测数据显示，到2030年，90%出版的图书都将是网络版本。

区块链技术的出现，可以有效解决数字版权的短板问题。只需要图片作品的生产者或机构将作品加入区块链网络社区，实现内容上链，版权登记，即可得到一个不可篡改、准确原创证明的唯一ID，证明版权的归属和完整性，同时记录到链上，并将相应的数字文件上传到某一个区块链版权登记系统中，这个系统会登记申请人信息及存证内容摘要，同时为数字文件生成一个全网唯一标识的哈希码（这种标识与文件的每一个字节相关从而无法被伪造），之后将这些信息记录到某一个区块链中进行全网节点的同步，并生成一份独特的区块链版权证书。由于区域链的技术的特征——去中心化、时间戳标记、不可篡改性，使得区块链平台上的作品一旦发生侵权，后续的维权成本和门槛都极低。

以私域流量内容制作为例，现阶段的数字内容分发市场由少数寡头占有，他们利用中心化盈利平台分发数字内容。网络中用户角色有三种：作者、出版人和内容消费者。不同的用户角色在网络中发挥的作用不同，作者负责编辑、发布内容，出版人负责存储和分发内容，内容消费者负责消费。在一个典型的由用户生成内容为主要数字内容的平台上，如YouTube，对作者上传的内容进行存储和展示等管理，而其他用户则通过接入网络在平台上浏览或购买作者上传的内容。然而Decent基于区块链技术，提出了一种新的商务模式实现方式，改善了现有的数字内容分发市场，尤其针对以用户生成内容为主要数字内容的平台。这个新的商务模式是通过一个以数据共享为主要目的，去中心化独立的P2P网络实现，网络中的不同角色分布式存在于整个网络中，按照预定的协议发挥作用，控制和拥有整个网络，从而实现了在避免第三方的影响下为网络中的用户提供无边界的信息和数据流，同时降低了运营成本。[①]

例如在非物质文化遗产领域，通过助力版权保护与颁发信用凭证的方式，区块链将在遗产的价值认定、版权鉴定、产业链构建、流转交易等领域发挥积极作用，使非遗的价值得到市场化释放。

2. 共识机制下的文字信息溯源

区块链的网络架构是区块链的多种共识算法以及不同共识算法的应用，区块链的共识机制为其分布式存储特性提供了技术基础。共识机制下的文字信息溯源，极大地降低成本，而且更高效。这个思路在数据流、信息流、货币流等领域的信息系统中对用户都是具有借鉴意义的。如果信息系统可以智能地完全取代这些中介，减少流转次数和成本，就实现了极大地降低成本而且更高效的目标。

以基于区块链技术实现百度百科词条接力编辑为例，百度百科是全球最大的中文网络百科全书。它强调用户的参与和奉献精神，充分调动互联网用户的力量，进行知识的交流和分享，旨在创造一个涵盖各领域知识的中文信息收集平台。与此同时，百度百科倡导编辑者们秉持"真实、客观、负责"的原则，为亿万网友提供正确、全面、更新及时的知识内容。百度百科是由网民共同参与编辑的网络百科全书平台，内容均是以多人协作、版本迭代的方式逐步编写而成的。用户的每次操作，如创建新词条或修改词条内容，均会形成一个新的版本。通过版本的不断迭代，一个词条才逐步趋向完善。为了保证词条内容的正确性，百度百科把单个词条所有审核通过的版本按照时间顺序排列，形成该词条完整的编辑记录，实现编辑者、编辑时间、编辑内容可追溯。词条编辑

---

① 程栋：《智能时代新媒体概论》，清华大学出版社2019年版，第94页。

记录供全体网民公开查阅，当发现词条内容存在争议、错误和风险时，就可以"顺藤摸瓜"追溯到内容的源头版本及其编辑者。可见，词条编辑过程可追溯是百度百科词条内容正确性的基础保障设施。

同样，在游戏产业领域，区块链不仅可以保障玩家在虚拟世界的合法财产，还可以避免虚拟资产交易中的欺诈现象。在文化旅游领域，一方面，区块链将使产品的消费变得有迹可循，降低消费者买到假冒伪劣和不安全产品的概率，使旅游消费更为健康；另一方面，通过在各区块记录旅游信息，可实现不同区域间的信息交互，游客可最直接享受到旅游地的特色体验，当地居民也可便捷地参与到旅游接待和管理中，从中受益。

3. 区块链与私域流量信息系统数据权限

区块链本质上是一种新的数字信息归档系统，以加密的分布式记账格式存储数据。由于数据经过加密并分布在许多不同的计算机上，因此可以创建防篡改、高度可靠的数据库，只有获得许可的用户才能读取和更新数据库。

目前，以数字技术为主的私域流量新业态无论是供给端还是需求端都发生了很大的变化，以前我们说先有内容，再有平台，再有用户，今天我们已经很难区分内容来自平台还是来自用户，比如说爱奇艺、腾讯、阿里、百度，不仅是平台企业，也是内容生产企业，用户既是内容生产者也是消费者，从创作者主体来看，生产者和消费者难以界定，我们既是生产者又是消费者，既是创意者也是贡献者、分享者。所以，区块链可以从技术上解决网络平台所留存、记录的浏览数据等私密信息数据的使用权、查看权和执行权问题，即对使用权、所有权、查看权和执行权进行分别处理，解决平台运营商、用户都担心数据权限的泄露问题。

总之，区块链在私域流量运营中辐射广泛，作用巨大。私域流量的数字版权保护作为区块链技术的重要应用领域之一，目前尚未大规模使用，主要是技术不够成熟以及基础设施有待推进，但区块链技术在数字版权保护上仍有很大的想象空间，相信在区块链的赋能下，未来的版权工作必将向版权保护与运用并重转化，数字版权保护生态也会越来越完善。

第六节　物联网与私域流量

一、物联网技术发展历程

1995年，比尔·盖茨就在《未来之路》中提及了物联网（The Internet of Things）的概念。2005年，在突尼斯举行的信息社会世界峰会上，国际电信联盟发布了《ITU互联网报告2005：物联网》，正式提出了"物联网"的概念。物联网（Internet of Things）就是物物相连的互联网。其一，物联网的核心和基础仍然是互联网，是在互联网基础上延伸和扩展的网络；其二，其用户端延伸和扩展到了任何物品与物品之间，进行信息交换和通信，也就是物物相息。物联网通过智能感知、识别技术与普适计算等通信感知技术，广泛应用于网络的融合中，也因此被称为继计算机、互联网之后世界信息产业发展的第三次浪潮。

物联网是互联网的应用拓展，与其说物联网是网络，不如说是新媒体的新发展，预测着中国新媒体未来的发展趋势，主要表现在五个方面。应用创新是物联网发展的核心，以用户体验为核心的创新2.0是物联网发展的灵魂。按照国际电信联盟（ITU）的定义，物联网主要解决物品与物品（Thing to Thing，T2T），人与物品（Human to Thing，H2T），人与人（Human to Human，H2H）之间的互连。但是与传统互联网不同的是，H2T是指人利用通用装置与物品之间的连接，从而使得物品连接更加便捷。围绕《中国制造2025》推动互联网和数字技术与经济简化，而H2H是指人与人之间不依赖于PC而进行的互连。因为互联网并没有考虑到对于任何物品连接的问题，故我们使用物联网来解决这个传统意义上的问题。很多学者讨论物联网的过程中，经常会引入一个M2M的概念，可以解释成为人到人（Man to Man）、人到机器（Man to Machine）、机器到机器（Machine to Machine）。但是，随着人工智能算法、智能语音与计算机视觉、智能驾驶等领域的不断发展，人工智能企业加速崛起。M2M的所有的解释并不仅限于能够解释物联网，同样也可阐释互联网，就连人与人之间的互动，也已经通过第三方平台或者网络电视完成。人到机器的交互,一直是人体工程学和人机界面等领域研究的主要课题;但是机器与机器之间的交互已经由互联网提供了最为成功的方案。从本质上而言,人与机器、机器与机器的交互,大部分是为了实现人与人之间的信息交互。[1]

2009年9月,在物联网与企业环境中欧研讨会上,欧盟委员会信息和社会媒体司RFID部门负责人Lorent Ferderix博士给出了欧盟对物联网的定义:物联网是一个动态的全球网络基础设施,它具有基于标准和互操作通信协议的自组织能力,其中物理的和虚拟的"物"具有身份标识、物理属性、虚拟的特性和智能的接口,并与信息网络无缝整合。物联网将与媒体互联网、服务互联网和企业互联网一道,构成未来互联网。

物联网的体系架构可分为三层:感知层、网络层和应用层。[2]

感知层:是物联网的皮肤和五官识别物体,采集信息。感知层包括二维码标签和识读器、RFID标签和读写器、摄像头、GPS、传感器、终端、传感器网络等,主要是识别物体,采集信息,与人体结构中皮肤和五官的作用相似。

网络层:是物联网的神经中枢和大脑信息传递与处理系统。网络层包括通信与互联网的融合网络、网络管理中心、信息中心和智能处理中心等。网络层将感知层获取的信息进行传递和处理,类似于人体结构中的神经中枢和大脑。

应用层:是物联网的"社会分工"与行业需求结合,实现广泛智能化。应用层是物联网与行业专业技术的深度融合,与行业需求结合,实现行业智能化,这类似于人的社会分工,最终构成人类社会。

欧盟信息社会和媒体司2009年5月公布的《未来互联网2020:一个业界专家组的愿景》报告谈及未来互联网有四个特征:未来互联网基础设施将需要不同的架构,依靠物联网的新Web服务经济将会融合数字和物理世界从而带来产生价值的新途径,未来互联网将会包括物品,技术空间和监管空间将会分

---

① 宋万女:《信息技术应用研究》,中国商业出版社2018年版,第106页。
② 廖宏勇:《新媒体信息架构设计》,西安交通大学出版社2017年版,第75页。

离。欧洲智能系统集成技术平台（EPoSS）在*Internet of Things in 2020*报告中分析预测，未来物联网的发展将经历四个阶段，2010年之前RFID被广泛应用于物流、零售和制药领域，2010—2015年物体互联，2015—2020年物体进入半智能化，2020年之后物体进入全智能化（见表4-1）。

表4-1　物联网发展历程表[①]

项目	2010年之前	2010-2015年	2015-2020年	2020年后
技术愿景	单个物体间互联；低功耗、低成本	物与物之间联网；无所不在的标签和传感器网络	半智能化；标签物件可执行指令	全智能化
标准化	RFID安全及隐私标准；确定无线频带；分布式控制处理协议	针对特定产业的标准；交互式协议和交互频率；电源和容错协议	网络交互标准；智能器件间系统	智能响应行为标准；健康安全
产业化应用	RFID在物流、零售、医药产业的应用；建立不同系统间交互的框架（协议和频率）	增强互操作性；分布式控制及分布式数据库；特定融合网络；恶劣环境下应用	分布式代码执行；全球化应用；自适应系统；分布式存储、分布式处理	人、物、服务网络的融合；产业整合；异质系统间应用
器件	更小更廉价的标签、传感器和主动系统；智能多波段射频天线；高频标签；小型化、嵌入式读取终端	提高信息容量、感知能力；拓展标签、读取设备、高频传输速度；片上集成射频；与其他材料整合	超高速传输；具有执行能力标签；智能标签；自主标签；协同标签；新材料	更廉价材料；新物理效应；可生物降解器件；纳米功率处理组件
功耗	低功耗芯片组；降低能源消耗；低功耗芯片组；超薄电池；电源优化系统（能源管理）	改善能量管理；提高电池性能；能量捕获（储能、光伏）；印刷电池；超低功耗芯片组	可再生能源；多种能量来源；能量捕获（生物、化学、电磁感应）；恶劣环境下使用；能源循环使用	能量捕获；生物降解电池；无线电力传输

数据来源：欧洲智能系统集成技术平台（EPoSS）报告*Internet of Things in 2020*。

---

① 欧洲智能系统集成技术平台（EPoSS），*Internet of Things in 2020*，https://www.docin.com/p-57876410.html，最后访问日期：2023年3月23日。

二、物联网技术与私域流量的深度融合

物联网技术对私域流量的深度融合主要体现技术对于信息和媒体产业的重塑，保证私域流量中数据的真实性、可靠性、隐私性、安全性，提升物联网私域流量的价值。这种重塑是私域流量的主动选择。每天物联网产生的数据是海量的，但谁拿了我们的数据？他们拿了我们的数据做什么？哪些数据有价值？用户与平台企业仍然有较大的信息不对称性。物联网产业，开始注重运营垂直行业的私域流量。物联网+区块链，有助于在每一个环节实现收入分成与合作共赢。

以媒体产业为例，不少主流媒体对ICT技术的发展给传媒业带来的冲击和影响具有敏锐的洞察力，并积极采取措施和行动应对物联网时代用户对媒体的需求。目前，国内人量媒体都已采用云计算技术和智能终端等先进技术，使其网络版内容实现了多媒体、媒体与受众互动以及用户参与等。有些媒体还采用移动网络技术实现了移动化，用户可以使用平板电脑和智能手机，随时随地浏览新闻、观看电视节目，以及参与评论和互动。

媒体产业正在向内容共创、渠道共享、互动即时。媒体传播和消费的数字化、宽带接入及移动互联网的渗透，使丰富的媒体内容日益普遍地传播到各种不同的用户终端。在用户的日常生活，多样化的终端设备日益增多，移动的重要性日益提高。媒体在电信（包括软件、网络、数字信号处理、电子、天线与传输及无线电等）和计算机计算能力（包括云计算、云软件、智能化、数字化、开放数据及数据服务等）等方面的发展需求，将进一步促进与物联网技术的深度融合。

1.信息采集

未来媒体的发展是全媒体，就需要物联网这样的全联网来支撑。物联网时代对于私域流量的首要影响在于信息采集方式革新。无人机、传感器和智能眼镜等成为信息采集的来源。

特别是对突发自然灾害事件、重大事故、群体性事件、战争地区以及交通

不便的山区报道，无人机能大大降低新闻报道的成本与危险。除了无人机之外，谷歌眼镜等智能眼镜也能在新闻采集上发挥奇效。与传统照相机、摄像机相比，谷歌眼镜重量更轻，更便于携带，尤其是Hangouts（环聊）、Full Screen Beam应用，可以通过语音、手势甚至眨眼动作来完成图片与视频拍摄，并将素材实时上传至云平台或YouTube等社会化网站，在某些突发事件新闻现场具有较强优势。美国一些大学还开设了"眼镜新闻学"（Glass Journalism）课程，探讨如何使用"谷歌眼镜"进行新闻报道，在课上探索制作适合新闻人使用的谷歌眼镜平台App。

2008年5月12日，汶川大地震举世震惊，震级达到8级，死亡人数近7万人，因四川境内本身地势险峻，加上灾情造成的巨大破坏，直升机很难进入现场，无法第一时间获知前方情况，实施有效救援，未来物联网应用中，无人机装载芯片和摄像设备，在无线网络的支持下就可第一时间掌握实地信息，并迅速作出决策。

2011年3月，日本发生里氏9级地震引发人类大灾难，死亡2万余人，同时福岛核电站核泄漏事件更是引起全球恐慌，当时降水的泵车采用的是无人作业，ECC企业控制中心实现了远程控制，并且时时监控注水效果，这是典型的物联网应用。

事实上，不单单是智能眼镜，只要具备录音、拍摄以及联网功能，任何可穿戴设备都具备成为新闻采集工具的潜力，如正成为消费热点的智能手表。但新闻信息采集从来不单单是技术问题，同时也是一个专业、伦理乃至法律问题。无所不在的具有摄录功能的联网设备，让人们担心其被滥用和误用而造成各种社会问题，包括侵犯隐私、泄密、交通安全等。因而，相应的专业、伦理与法律的规制显得必不可少。

2. 新闻内容生成

新闻就是"反映新发生的、重要的、有意义的、能引起广泛兴趣的事实，具有迅速、明了、简短的特点，是一种最有效的宣传形式"，是"人和物发生的事，速度和真实是其生命"。物联网可把感应器嵌入和装备到物体中，然后将"物联网"与现有的互联网整合起来,实现人类社会与物理系统的整合。

《未来之路》中这样描述未来的场景:您将会自行选择收看自己喜欢的节目,而不是等着电视台为您强制性选择。如今的数字电视已经实现了这种视频点播功能,机顶盒功不可没。你还可以通过网络,使用网络电视来实现上述目标。

3.产品营销

物联网的关键是"大集成"应用,向读者征集图片和新闻,并在报纸上大量采用读者提供的图片和消息,与读者共同办报,受众参与媒体传播,如提供文字、图片及视频等内容,在传媒平台上,进行数据公开,通过社会媒体等渠道,媒体与受众之间,受众与受众之间进行互动。在不同的用户终端平台上,进一步扩充图像、视频、音频和文字等媒体内容,建立由用户终端、媒体内容、应用技术、发行渠道及广告管理等构成的系统。

视频传媒行业的无线数据传输丰富了物联网行业应用范围。传统的传媒行业视频广告,主要依靠终端点位规模赢得客户,但是在规模扩大的同时,也面临终端分布区域发散带来的手工换片劳动成本高,巡检成本高,视频信息播放无法同步等问题,采取视频终端、内置TD模块的机顶盒与搭载在服务器上的播控系统形成连接闭环,充分利用TD网络闲时实现传媒行业的大数据流及信息交互,使传媒行业告别手工或通过有线互联网进行传输更换宣传片成为现实。

从纸张、收音机、电视、计算机、手机与平板电脑,每种新传播技术,都带来媒体物理呈现形式的变化。物联网技术让无数日常生活中的物品成为联网设备,使之具备信息传输功能,开辟了一个前所未有的对媒体物理呈现形式的想象空间。以往稳定、单一的新闻信息接收渠道将被多样、多变的渠道取代。简言之,就是媒体终端将呈现多屏化趋势。

第五章

新技术新媒体下传播方式呈现的新业态

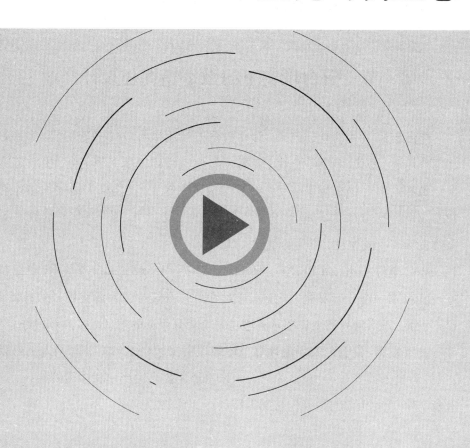

各种渠道和媒介通过传统和数字化的方式向企业提供目标受众，形成流量市场。现阶段流量市场的发展主要是受到数字化技术的推动。随着互联网的普及和社交媒体的兴起，社会化流量成为企业获取潜在客户的重要途径。通过社交媒体平台和搜索引擎企业，可以进行广告投放和推广，吸引用户点击进入其官方网站或应用，从而提高流量转化率。

随着混合现实、人工智能技术、流媒体技术、直播技术等数字媒体技术兴起，流量市场也呈现出多元业态。近年来，各种线上线下服务加快融合，移动互联网业务创新拓展，带动移动支付、移动出行、移动视频直播、餐饮外卖等应用加快普及，刺激移动互联网接入流量消费保持高速增长，移动互联网接入月户均流量（DOU）继续呈现成倍上升态势，市场空间巨大。

第一节　混合现实下的数字新媒体设计产业

伴随着5G商用时代的到来，移动数据传输速率将较4G显著加快。为了提高用户体验，图像、视频、游戏、直播等流量应用场景越来越清晰，用户交换网络数据内容会越来越丰富且交换数据量越来越大，都将极大地增加移动用户的流量消耗，为整体流量市场提供了巨大的发展空间。混合现实下的数字新媒体设计产业成为吸引流量的重要入口。

MR，全称Mediated Reality，即"混合现实"（Mixed Reality）技术，它是虚拟现实技术的进一步发展。该技术通过在虚拟环境中引入现实场景信息，在虚拟世界、现实世界和用户之间搭建起一个交互反馈的信息回路，以增强用户体验的真实感。混合现实涵盖计算机增强现实技术（AR）的范围，与人工智能（AI）和量子计算（QC）被认为三大未来将显著提高生产率和体验的科技，具有真实性、实时互动性以及构想性等特点。

在混合现实下，逼真的现实与未来世界，形态各异、活灵活现的虚拟角色（拟真人形象、似真动物形象以及拟人化了的动物、物体等），在数码技术的创造性设计中，得到了淋漓尽致的表现。所以，新媒体互动中的设计产业，要立足虚拟角色的每一情绪、每一神态，在虚拟人物身上"移情"，充分发挥、演绎人们的认知、情感与幻觉，创造出艺术的真，让虚拟角色在"虚拟的规定情景"中完成角色形象的塑造，实现虚拟角色表演的行动线、目的、任务等设计创作，创造出真人表演的科学意境。未来，"似真非真"的科技传播环境科学技术的传播，需要再现情节式的表现，为受众创造"似真非真"、跨越时空的环境，设计参观者可仿真似的与虚拟角色或场景交流，增强生动、形象技术处理角色的各种表情、动作，人物的情感变化、语言功能、皮肤的质感、发质的动态等也尽可能地与真人状态相同。随着计算机技术和软件技术的不断开发，真正实现虚拟角色的"通真"表录后的互动再设计，将成为"似真非真"处理创造的虚拟角色的沉浸式设计的重要发展领域。

数字新媒体设计主要是利用现代科技和新媒体形式进行创作，具有"与时俱进"的新特性；它的创作涉及许多领域，如沉浸式体验、赛博格艺术、互动设计、3D打印艺术、创意机器人、人工智能艺术、生物艺术作品等。近年来，在混合现实技术的背景中，出现了不少鲜活的数字新媒体艺术设计案例。

法国创意团队tetro在里昂迪乌酒店内打造了一个360°沉浸式光影秀，该项目融合了洲际和宏伟的酒店大厅世界，带来一场梦幻般的冒险之旅，为酒店赋予了新的生命。向上看时，观众会看到一个新的空间维度，与圆顶的美丽建筑融为一体、互相辉映，随着光线和几何形状围绕着空间的舞动，仿佛来自圆顶中央出现的平行宇宙。

洛杉矶艺术家Neil Mendoza为匹兹堡儿童博物馆而创作的"Mechanical Masterpieces（机械杰作）"，让现场观众可以通过虚拟技术装置与一系列名画进行互动，让作品更生动，更充满趣味性。艺术家通过新媒体技术赋能名画，让观众可以与名画触碰、互动，甚至对其"动手动脚"，全方位提升了观众对名画的新思考和再探索。

类似案例还有在旧金山Sales Force公司大楼的大厅内，设计师将"瀑布"搬进了写字楼，一块长达108英尺（1英尺=0.3048米）、超过700万像素的LED广告墙，制作出令人惊艳的CG waterwall；以及悬浮在洛杉矶市中心的Pershing Square上空，由众多银色的碎片组合装置形成的银色海洋沉浸式新媒体艺术展等。

在混合现实技术的支撑下，数字艺术IP成流量新入口。从互联网时代初期到私域流量时代，无不说明流量才是真正的硬通货与稀缺资源。那么，在互联网基础设施建设越发完善，竞争进入更为激烈的生态系统比拼的下半场，能加权竞争优势的优质内容将显得更为弥足珍贵。而对于内容创作平台来说，加速抢占优质内容资源以聚集流量就成了当务之急。

伴随着5G时代来临，视频化是大势所趋。短视频和直播时代，引发了"爆款"的变化，从"网红直播"再到"综艺+直播"，为保证爆款的可持续性，规避不断发生的流量主播频频翻车的境况，电商直播的内容也应当变得丰富。低质内容有利于扩大用户规模，但容易陷入同质化；高质量内容有利于沉淀忠诚用户，即便成本相对较高。

"短视频+直播+电商"模型的逐渐成形，互联网时代新一轮以"内容"为核心的产业变局，正在走入中场竞争。当互联网红利消退殆尽，无论海内外，电商平台也必须围绕内容寻找新的增量空间。过去十年，流量平台在顶级优质音乐、体育、影视剧等流媒体内容方面投入巨资，拥抱优质内容。

未来中国的电商平台将以何种方式去开拓疆域，迎接竞争？布局优质内容或许将成为未来行业变局的制胜因素之一。

可见，在混合现实环境中，真实世界环境被计算机生成的文字、图像、视频、3D模型、动画等虚拟信息"增强"，甚至可以跨越视觉、听觉、触觉、体感和嗅觉等多种感官模式。叠加的虚拟信息可以是建设性的（即对现实环境的附加），也可以是破坏性的（即对现实环境的掩蔽），并与现实世界无缝地交织在一起，让人产生身临其境、真假难辨的感观体验，分不清虚实。通过这种方式，混合现实可以改变用户对真实世界环境的持续感知，这与虚拟现实将虚实隔离,用虚拟环境取代用户真实世界环境是完全不一样的。

同时,混合现实的主要价值在于它将数字信息带入到个人对现实世界的感知中,而不是简单的数据显示,通过与被视为环境自然部分的沉浸式集成来实现对现实的增强。借助HoloLens设备的优秀能力(例如本能手势操作、语音命令、眼动凝视交互),用户周围的混合世界变得可交互、可操作。简而言之,MR就是将虚拟信息放在现实中展现,并且让用户与虚拟信息进行互动,通过环境跟踪、理解等技术手段将现实与虚拟信息进行无缝对接,将在现实中不存在的事物构建在与真实环境一致的同一个三维场景中予以展现、衔接融合。未来,混合现实技术的发展将改变我们观察世界的方式,世界将不再是我们看到表面现象集合,而可以有其更深刻和个性化的内涵,从而引发人类对世界认知方式的变革。

第二节 AI主播推动下的智媒体产业

随着人工智能技术的广泛应用,新闻业正经历着前所未有的技术革新。从自动化内容生成、智能推荐到虚拟现实(VR)和增强现实(AR)技术的融入,人工智能为新闻业带来了无限可能。这些技术的应用不仅提高了新闻的时效性和传播效率,更使得新闻内容的呈现方式更加丰富多样。

一些主流媒体借助人工智能技术,实现了新闻的自动化生产和个性化推送。通过自然语言处理和机器学习算法,AI可以快速分析大量数据,挖掘出有价值的信息,并在第一时间生成报道。这大大缩短了新闻从采集到发布的时间周期,为媒体提供了更高效的内容生产方式。

同时,AI技术还为新闻业带来了更精准的用户画像和个性化推荐。通过分析用户的阅读习惯、兴趣爱好和行为轨迹,AI可以为用户提供定制化的新闻内容服务。这不仅满足了用户对个性化信息的需求,也提高了媒体的传播效果和用户黏性。

在媒体融合发展的趋势下，人工智能与新闻业态结合进一步在广度和深度上拓展，媒体组织在实践中开始探索将人工智能运用在新闻采集、生产、分发、接收、反馈中，随着强人工智能与类脑计算研究的推进，智能化编辑部初现雏形。

"AI合成主播"是AI技术运用于新闻生产环节的重要实践。"AI合成主播"运用人工智能技术，通过提取真人主播的声音、唇形、表情动作等特征，运用多项机器深度学习和合成技术，"克隆"出与真人主播拥有同样播报能力的"分身"，呈现出与真人相同的播报效果。技术的升级让主播可坐可站，并且表情和肢体动作更加逼真，带有情感的声音也让新闻播报更加声情并茂，整体展现更加真实形象，带给受众"真人化"的人工智能新闻播报感受，展现与真人主播无异的信息传达效果。其中，AI技术是"AI合成主播"的技术基础，它通过建立输入文本与输出音频信息的关联，在图像生成引擎中，使用人脸识别、三维人脸重建、表情建模等技术对人脸表情动作进行特征学习和建模，建立输入文本、输出音频与输出视觉信息的关联映射，最终生成输出分身视频。

目前，随着AI技术应用门槛降低，不少媒体积极尝试新技术，在节目中推出AI主播，比如东方卫视《看东方》节目中的微软小冰，NHK新闻节目中的Yomiko，新华社邱浩和"新小萌"，央视财经AI主播"姚小松"，钱江台AI主播"小范儿"等。2018年11月7日第五届世界互联网大会上，搜狗与新华社联合发布全仿真智能AI主持人，通过语音合成、唇形合成、表情合成以及深度学习等技术，克隆出具备和真人主播一样播报能力的"AI合成主播"。2019年2月19日，新华社发布站立式"AI合成主播"、AI合成女主播。当然，"AI合成主播"媒介和信息合一，其形式意义大于内容本身，技术对主播的替代为新闻观看带来仪式感，但就目前发展阶段来看，人工智能对于新闻生产流程的变革意义大于新闻内容本身的传播。

一、人工智能对于媒体行业产生全方位重塑

对传统媒体来说，一个万变不离其宗的道理是内容为其立身之本。被称为

传媒经济学之父的美国学者罗伯特·皮卡特说："传统媒体的一个根本问题不是其创收模式失灵，而是太多的媒体试图在21世纪兜售19世纪、20世纪的产品。如要变革并立于不败之地，媒体就须彻底反思立身之本，以确保提供的产品符合客户的核心需求；同时，媒体要以独特并符合当今网络互联大环境规律的方式提供产品和服务。"[①] 在人工智能的影响下，媒体行业呈现出以下特点。

1. 提供专业化、小众化服务

在新旧媒体众彩纷呈的时代，媒体保持竞争力的一个很有潜力的手段在于个性化地满足受众需求。美国等国家已纷纷聚焦特定的目标受众，专门开发高度专业化和小众化新闻服务，并获得市场一致认可。

2. 重构信息资讯生产来源

新媒体技术迅猛发展给传媒业带来的一个深刻变化是各种自媒体消息发布渠道打破了传统媒体记者对消息发布的垄断。大众因群体优势在Facebook（现名Meta）和Twitter等社交网络上发布的众多目击者文字、照片和视频往往比赶到事发现场的记者发布的消息时效更快，角度更广，内容更丰富。同时，一些高质量的博客和自媒体上发布的事件分析解读文章也往往比传统媒体更快。印尼海啸、日本地震和美国911等重大事件都让传媒业充分认识到新技术对新闻报道的变革性影响。以人工智能为主的新技术已逐渐成为记者为提高采编效率而需要掌握的一个重要技能。甚至有人说新技术对记者采编工作的影响不亚于计算机。BBC电视台经济编辑Paul Mason说，他常常通过跟踪10个重要经济学家的推特和一些高质量博客的内容发现报道角度和素材；德国各大电视台今年也开始在突发事件初发时选用第一时间社交网站贴出的目击者视频。

---

① Mapping Digital Media: Digitization and Media Business Models，http: //www.robertpicard.net/files/OSF-Media-Report-Handbook_Digitization_and_Media_Business_Models-final-07-18-2011-WEB.pdf，最后访问日期：2023年3月13日。

3. 改革采编流程

在数码革命的媒体生态环境中，大众媒体的报道选题越来越受到网上和新媒体舆论场及大众喜好的影响。"开放编辑部"，让读者参与编辑部的选题决策过程的做法近年来已逐步在西方媒体、特别是地方媒体中兴起，成为一种拉近媒体与受众距离、提高受众黏度和报道质量的重要手段。

4. 职业化采访与公众协助

数码时代，非专业性的"公民新闻报道"提供了海量信息。虽然这些信息算不算新闻仍有很大争议，但善用"公民记者"已成为一些西方媒体提高竞争力的一种辅助手段。CNN的Ireport是最著名的例子。

同时，伴随传媒业的发展，新闻的表达形式也在不断创新，文字、图片、音频、视频、图表、动画等形式为新闻的表达提供了多种选择，微博、微信等新媒体形式也为创新表达方式提供了更多可能性。

近年来，在人工智能、大数据等新技术背景下的数据新闻学开始兴起，并受政界、业界和学界的广泛关注。目前，政府、企业界和其他部门公布的数据越来越多，网上资源更是提供了海量数据。在数据丛林中发现有价值的东西，从新闻报道的角度出发分析过滤数据，通过可视化方式来讲述数据背后的故事便是数据新闻学的主旨。[①]

流量时代，受众接收信息的方式变了，阅读习惯变了，新闻视频化、短平化成为发展趋势，浅阅读、同质化成为网络媒体的发展瓶颈。找准平台自身特点，在快速开展信息传播的同时，积极展示新闻宏观背景，深入剖析新闻事件，加强新闻传播与数字时代技术的强链接，已成为主流媒体开展网络报道亟待解决的问题。

二、"AI合成主播" 对流量市场的启示

正如历史上印刷术促成报刊的普及，电信技术极大地加强信息的传播广度

---

① Journalism in the Age of Aata，http://datajournalism.stanford.edu/，最后访问日期：2023年3月13日。

与效率一样，基于互联网技术的新媒体同样会引发新闻传播业新一轮重大业态调整。对传统媒体而言，这是无可回避的挑战和冲击，但如果保持对私域流量市场的敏感度，放宽视界、全面分析、积极应对、顺势而变，完全有可能化危为机，化压力为动力，开启事业的新机遇。

移动互联网的发展，让人类社会进入信息爆炸的时代，随着物联网的发展，信息会进一步扩展。在新闻媒体行业人工智能将起到更加重要的作用，类似于今日头条这样的平台已经让人工智能的价值崭露头角，使用机器学习来把握用户的喜好，然后给用户推送合适的内容，正在成为新闻传输的新模式。与此同时，要解决信息爆炸的困境，可以在人工智能的帮助下给用户推送符合使用场景和所处环境的新闻，比如说用户心情不好的时候想看的新闻，和心情好的时候、精力充沛的时候想看的新闻就完全不一样，系统应该让用户非常舒适地接受新闻资讯。

未来，智能化时代的到来，所有人都可以借助新媒体成为传播主体。社交媒体中，每个人都可以发布信息，人工智能和算法推荐，也成为传递资讯的主要渠道。在传统媒体时代，谁是头条，谁是二条，是由总编辑和编辑决定；而在智能时代，计算机根据用户个人信息，比如地理位置、手机型号，以及在App内的浏览、点击、分享、评论、搜索、订阅等行为，判断用户喜欢什么不喜欢什么，以此为依据推动相关内容。数据是算法决定推荐什么内容的唯一依据，而智能媒体的定义与此紧密相关。但从效率上讲，这种模式的点击率（CTR）高于编辑推荐。人工智能是一种更先进的生产资料、生产力和生产关系的组合。但同时也不可避免产生了一系列新问题，比如标题党文章泛滥、低俗内容和情绪化内容泛滥以及用户陷入信息茧房阅读等弊端。信息是人应知、欲知而未知的内容，算法满足欲知而未知，但是没有满足应知而未知。所以，综合前文的分析与例证，在"AI合成主播"等新媒体工具兴起的背景下，传统媒体可以在以下四个方面着力开拓或转型。

1. 优化内容制造，突出新闻深度和分众传播

新媒体的发展引发信息的大量积聚与快速传播，但海量信息也往往意味着

海量垃圾和信息简单重复。此等条件下，受众对于权威信息、深层分析评论、调查性报道的需求不仅不会降低，反而会有所增强。

对于一般读者而言，他们知其然，还希望知其所以然，从纷繁乱象中拨云见日。对于专业读者而言，他们希望从信息海洋中快速确定有用信息，并希望量身定制个性化服务，以节省时间，科学决策。传统媒体作为最具经验的内容提供商，应进一步加强对新闻事件的深度调查、分析和评论，在确保时效的同时下大功夫将内容做"深"，以回应新媒体因追求快速简洁而出现的"浅"。

与此同时，传统媒体可利用自身信息优势，向专业群体提供定制服务，即为特定产业、特定机构或特定偏好的受众提供个性化、分众化的新闻信息产品。这就要求传统媒体利用各种渠道，包括社交网站等新媒体，主动寻找用户，快速了解需求并及时作出反应。在用户被海量信息淹没之前，充当不可替代的"信息闸门"，为他们过滤无用数据、整合各方资源、提供分析思路，并以此为用户和自身创造价值。

2. 革新采编流程，将新媒体优势融会贯通

新媒体的一大优势便是贴近受众并与之互动，使新媒体成为拓展报道渠道、发掘新闻资源、延伸信息触角的利器。不少业内人士断言，新媒体将深刻影响新闻的制作加工生产线。对于传统媒体而言，更应主动转变报道观念。

首先，可以借力新媒体，让读者通过与编辑部互动参与选题决策和确定报道角度，把握受众和市场的热点需求，提高报道的针对性和关注度。

其次，读者通过新媒体技术，本身就可以成为一些重大事件的报道员或观察家，在第一时间、第一现场实现信息传送，既可以弥补专业记者无法及时抵达现场的欠缺，也能以其完全平民化的视角和叙述使报道别具一格。当然，传统媒体在利用这些素材时，必须通过交叉印证等方法确保基本事实的准确性，避免歪曲事实或无形中被私自利用。

最后，新媒体技术可衍生出诸多的应用软件和多媒体产品，例如前文提到的动态图表、CNN的IPhone App等，传统媒体同样可以加以发掘和利用，扩大新闻产品的传播渠道，提升信息获取的便利性，通过新技术赋能，增强内容的

可读性与互动性。

3. 构建技术平台，探索与信息服务商合作模式

具备内容优势的传统媒体与掌握先进技术的信息运营商之间始终是既竞争又合作的关系。双方都希望获取对方的部分功能，以赢得更大的商业空间和社会效益。国外实践表明，传统媒体和信息服务商完全可以取长补短、谋求共赢。

对传统媒体而言，必须借助技术提供商和信息运营商的力量，搭建起一个足以运作、管理、维护新媒体的技术平台。这是维持其传播力和影响力的必要硬件保障。与此同时，必须密切关注新媒体技术的最新进展和应用前景，及时跟踪技术潮流并作出相应的准备和调整，改变过去一贯的"追赶者"形象，缩短与技术商和运营商之间的信息鸿沟。

此外，传统媒体与技术商、运营商还需要探索新的商业盈利模式及利益分配方案，在知识产权管理、付费定价机制、广告发行模式等问题上不断摸索。这也是确保内容商与技术商长久合作、新媒体长足发展的基础。

4. 开发人力资源，打造新媒体复合型人才

新媒体战略的核心归根到底还是人的问题。传统媒体要实现转型，必须首先拥有一批了解新媒体特质、具备先进报道理念、勇于打破技术与内容疆界的记者和编辑。

在当前媒体竞争白热化的背景下，新媒体事实上为记者和编辑提供了一个提高采编效率、拓展信息来源、扩大知识积累的重要途径。传统媒体必须引导自己的采编队伍"走出传统"，以开放心态接纳和学习新信息技术，享受它们带来的便利。特别是在重大事件时，具备新媒体报道意识的记者往往能够取得难以比拟的传播影响力。

在与技术服务商合作的过程中，传统媒体中的记者和编辑同样要具备一定的技术素养，才有可能形成对话、提出建议、查找缺漏和完善合作。此外，在与读者分享互动，向他们提供个性化服务时，记者同样需要懂得利用新技术。

传统媒体为实现技术突破，可借鉴《纽约时报》与CNN的经验，既借助"外

脑"和"外力"，尽快完成新媒体转型的框架设计，同时打造自身的技术团队和采编团队，在技术与内容之间建立紧密的联系，从而在市场上左右逢源，立于不败之地。

人工智能、大数据等技术的发展将继续推动新闻业及内容流量市场的创新。未来的新闻业将更加注重个性化和定制化服务，为用户提供更加精准和有价值的信息。同时，技术的运用也将进一步拓展新闻的呈现方式和传播渠道，增强新闻的吸引力和影响力。

第三节　内容算法时代的流媒体及数字影视产业

流媒体（Streaming Media）是声音流、视频流、文本流、图像流、动画流等新的媒体传送方式。该技术广泛运用于多媒体新闻发布、在线直播、网络广告、电子商务、视频点播、远程教育、远程医疗、网络电台、实时视频会议等互联网信息服务的方方面面。流媒体技术赋能下的数字影视产业，将为网络信息交流带来革命性的变化，对人们的工作和生活将产生深远的影响。

根据国际市场研究公司透明度市场研究（Transparency Market Research）数据，全球在线流媒体平台市场还将持续扩大，预计到2030年底，全球在线流媒体平台市场总价值将达到220亿美元，折合近1561亿元人民币，这也就意味着在未来的10年预测期内，该市场复合年增长率为12%。流媒体的用户自带"社交-社群-粉圈"的关系，因此流媒体不但是给用户提供音频资源，更是带有较强的社交属性。

作为连接内容与人的算法推荐系统，无时无刻不在面对着增量的问题：增量的用户，增量的内容。新的用户、新的内容对于推荐系统来说都是没有过往信息量积累的、是陌生的，需要累积一定的曝光量和互动量（阅读、分享等）来收集基础数据。这个从0到1积累基础数据的过程就是冷启动，其效果的好坏直接关系到用户端、作者端的满意度和留存率，也关系到流量市场的活跃程度。

一、流媒体给数字影视业带来的发展契机

流媒体作为一种全新的文化产品承载媒介，在当今互联网快速发展的情况下发挥着非常重要的商业和文化作用。世界影视行业也正在被这种新兴的技术颠覆。中国电影产业则呈现出新的竞争趋势：

从空间来看，影视形成千亿市场，未来核心驱动因素为观影人次上升，观影人次上升又受益于影院银幕数增加，以及优质内容拉动。

从发展阶段来看：目前中国数字电影市场规模正处于250亿元向1000亿元迈进过程中，2015年前靠银幕数拉动，2015年后主要靠优质内容拉动。

从竞争格局来看，目前各环节均仍较分散，未来集中度会提高，资本会推动出现规模性的品牌商（内容、发行、影院），影院的并购整合是趋势。

从投资方式来看，流媒体赋能下的数字影视产业主要分为：（1）项目投资；（2）优质内容制作公司；（3）有业务延伸能力的公司；（4）影院的并购整合等投资方式。每类投资有各自的投资逻辑、判断要点与退出方式，自从互联网技术被发明出来，就不断地创新以应对人们日常生活的需求。从早期笨重的台式机到便携式笔记本，再到后来的移动端设备，技术的创新带来的是商业版图的变迁。

二、未来全球流媒体及中国电影产业发展展望

业界普遍认为，未来全球流媒体发展仍将保持向好态势。根据统计门户网站Statista发布的最新数据，2022—2026年间订阅型视频流媒体每年收入增长率预计将达到8.9%；到2026年，该领域的全球订阅用户数有望增至14.9亿，用户渗透率达到18.9%。印度一家市场调研企业统计，2028年的全球视频流媒体市场规模有望达到约9300亿美元。[①]

中国电影产业高速发展主要受益于近年的鼓励政策、巨额资本的投入、以

① Statista，https://www.statista.com/，最后访问日期：2023年3月13日。

及观影人群的增长等三大因素。从政策层面看，国家对文化行业实施积极的引导政策，通过专项补助、人才培养、与别国签署相关合作协议等方式扶持电影行业规模化、专业化发展，有助于电影产业输出，提升国际知名度。在资本领域，"互联网+"进一步推动电影行业站在风口上。以BAT为代表的互联网企业及其他商业企业纷纷以收购或自建等不同方式进军电影业，在产业链不同环节进行布局，共享电影高速发展的盛筵。此外，观影人群规模的不断增长及年轻人群强烈的观影愿望也为电影未来发展注入了强心剂。目前"互联网+"已经冲击整个电影产业链，从版权、制作发行、营销推广，到电影票的销售，互联网都逐渐渗透其中。其中互联网巨头不断进行各种投资布局，如企鹅影业、腾讯影业、爱奇艺影业、百度影业等互联网影业公司纷纷成立，进军电影业务。2015年多部国产卖座片冲破纪录，无一不与"互联网+"的助力（如制作、营销发行和口碑传播）密切相关。而传统影视企业也在积极应对，例如万达院线、欢瑞世纪、新文化A股公司皆宣布了定增及投资方案，总金额超过数十亿元。

虽然电影产业数据化潜力无限，然而真正发挥大数据量化支持作用的前提是真实有效的数据积累以及深入分析与解读。由于国内电影行业长期缺乏权威票房统计发布渠道以及共享制度，相关数据大多源自电影制作公司与电影院线自行收集，因此数据积累与沉淀严重不足。随着电影产业从爆发式增长趋近稳定发展，相对成熟的产业数据的积累与沉淀将成为未来大数据预测分析的基础与前提。

目前国内电影票房占据了超过八成的收入，而衍生品、视频网站点播等"后电影市场"不到两成，形成了电影收入的"长尾"曲线。然而在国外成熟市场，电影属于"基础产品"，"电影后市场"的衍生品，如DVD、视频网站点播、付费电视等根据一定的时间顺序先后推出，成为收益最大化的渠道。这些收入可占整体收入的80%以上，有效分散了票房风险。在未来，除了外延化发展，促进中国影视企业收入结构再平衡有三种方式：

1. 视频点播：流媒体分为音频、视频等形式，其中视频又分为直播、点播、长视频、短视频等多种形态。在内容方面，除了人们熟悉的影视剧视频流媒体以外，还有音乐和播客流媒体、视频游戏流媒体、体育流媒体、纪录片流媒体等多种平台。中国网络视频用户和独播电影内容的竞争也促使版权费水涨船高，在国内电影市场上再造一个在线票房市场，为拥有好内容的电影制作商们提供可靠的收入来源。

2. 电视院线：全国30余家省市有线电视网络公司2014年共同发起成立"中国电视院线联盟"，覆盖超过2000万高清双向用户，近2亿有线电视用户，能够采用买断片源或者与电影制作商进行收入分成的方式为电影市场提供新的收入来源。

3. 衍生品：以往中国电影衍生品并非没有，只是国内市场并未正规开发，绝大多数收入都流入盗版商贩的腰包。随着国家对版权的重视和对盗版打压程度的加强，各大企业开始尝试发力衍生品市场，挖掘更多电影收入。

这三种方式的发展有望促进后电影市场的完善，充分开发潜在市场，加上企业外延化发展，使中国的电影收入结构从"长尾"变成"粗尾"，平衡电影市场收入结构。特别是付费点播，有望在国内电影市场上再造一个在线票房市场。尽管这不会是线上对线下的替代，然而未来在线电影与影院同步播放电影可能性极大，甚至在线付费点播收入将超过电影票房也有一定的可能性。

流媒体与传统媒体相比，主要有两方面的区别：

一是欣赏媒体内容的即时性。因为视音频文件（特别是视频文件）容量一般都很大，受到网络带宽的限制，下载一个视音频文件可能需要几分钟甚至几小时，因此导致传输媒体的欣赏延时加大；而通过利用流媒体技术、多媒体文件一边被下载一边被播放，用户可以即时地欣赏到多媒体内容（即点即看）。此外，目前流行的视频直播相关行业，也是流媒体技术非常重要的应用场景。

二是对客户端的存储容量要求。传统媒体需要下载完整的媒体文件，而媒体文件的容量一般都很大，所以需要占用客户端较大的存储空间；而通过利用流媒体技术，不需要占用客户端太大的缓存容量，也可以欣赏到媒体内容了。

这两点需求催生了数字影视产业。随着网络技术的发展，主干网与宽带网接入技术的日臻成熟，网络视频的传输成为Internet应用的一个亮点。为了提高视频数据在网上的传输效率，并实现视频的实时播放，流媒体技术的研究与应用得到了很大发展。其中，流媒体服务器技术在流媒体的应用中发挥了关键的作用。

传统的网络传输数据的方法是文件下载：用户需要准备大量的磁盘空间，并花大量的时间等待下载结束。但是，当影视数据变成海量的视频数据时，在数据处理量大、数据吞吐量高、视频播放实时性、客户连接请求数目大、连接时间长等一些情况下，传统的服务器技术已经无法高效地满足要求。完善的高效流媒体服务器，还需要在实时的服务器操作系统、系统资源管理（CPU管理，内存管理，磁盘资源管理）、文件管理、服务器磁盘调度等方面同步完善，这给了数字影视产业的国际市场巨大的想象空间。[①]

三、数字影视产业的国际市场预期

根据媒体智库欧洲视听观察组织（EAO）统计，欧洲国家在订阅型视频流媒体领域的收入从2010年的1460万美元飙升至2020年的117亿美元。据统计，约有1.4亿名欧洲民众至少订阅了一个视频流媒体服务。在拉美地区，订阅型视频流媒体用户今年预计将达6900万人。在亚洲地区，中国、印度、日本是潜力最大的几个订阅型视频流媒体市场，其中中国2021年订阅型视频流媒体用户数达到3亿。[②]

不少流媒体平台根据不同国家和地区的用户内容需求推出相关内容。电影中塑造的发达科技背景下多个鲜活角色恰好符合流媒体视频"科技 + 视频"的配置，自然成了创作最佳素材。2015年日本有一部电影《再见》，里面有一个机器人角色，这个角色与人类有着几乎相同的皮肤和外表，通常这样的角色都会请演员化妆扮演机器人，而这次日本并没有采取这样的方法，他们具有开创性地制造机器人扮演片中的机器人角色，尽管从电影质量的角度看并没有非

---

① 张军、何曼：《传媒产业无形资产管理》，中国经济出版社2018年版，第150页。
② 张慧中，《多国流媒体行业加速发展》，人民网，https://baijiahao.baidu.com/s?id=172604606494046997
9&wfr=spider&for=pc，最后访问日期：2013年3月13日

常大的影响，但是对于人工智能行业来说，这件事具有开创性意义。因为这标志着机器人已经可以像人类一样拍电影，人工智能在工业、服务业、农业等诸多领域大放异彩后，又开始在娱乐界崭露头角。例如日本就曾经推出一款名为"初音未来"的音乐游戏，游戏中以"初音未来"为虚拟偶像，为用户带来全新的音乐体验。后来这款音乐游戏风靡全球，在世界各地开演唱会，俨然就是一位真实的歌手，这也成为人工智能作为推动文化产业变革力量的标志性事件。

在私域流量时代，电影产业可以通过大数据分析，了解用户的观影喜好和需求，为用户提供个性化的推荐服务，可以利用社交媒体等平台，建立起与用户之间的紧密联系。这种推荐方式不仅可以提高用户的观影体验，还可以提高电影的票房收入。例如，通过分析用户的观影记录，可以为用户推荐与其兴趣相符的电影，从而提高用户的观影满意度。通过微博、微信等社交平台，可以让用户参与到电影的宣传和推广中来，从而提高电影的关注度。

第四节 私域流量市场加持下的电竞与电竞直播产业

随着互联网技术的飞速发展，电子竞技（电竞）已经成为全球范围内备受关注的新兴产业。而在这个产业中，电竞直播作为其重要的组成部分，也在近年迎来了前所未有的发展机遇。特别是在私域流量市场的加持下，电竞直播产业正逐渐成为一个新兴的市场热点。作为泛文娱的一大领域，新媒体私域流量加持下的电竞直播行业在备受争议中快速发展起来。

近年来，其热度指数一直居高不下。根据微热点研究院数据统计显示，2021年，电竞行业以99.83的热度指数位居第二，在大文娱产业中依旧保持着较高影响力。未来，随着多个电竞头部IP打造衍生宇宙，电竞产业将进一步融入泛娱乐生态，形成更广泛的示范效应。正如哔哩哔哩电竞总裁陈悠悠所说："过去电竞是一种游戏的运营方式，现在电竞正向体育项目无限接近，并成为下一代年轻人主流的文化生活方式和新一轮城市竞争焦点。"

据悉，早在2003年，电竞就成为第99个正式体育项目；2008年，电竞纳入中国第78号体育运动项目；2013年，国家体育总局组建电竞国家队；2016年3月19日，国家体育总局宣布成立中国移动电竞产业联盟；2020年，电子竞技成为杭州亚运会正式竞赛项目。十几年的发展让电子竞技的"体育"和科技属性日趋显著。数据显示，2021年上半年我国共注册电竞相关企业2066家，同比增长10%。相比创新高的2020年，2021电竞产业热度进一步提升。从地域分布来看，广东省以4017家电竞相关企业位列榜首，湖南省以1941家企业位列第二，河南省以930家企业位列第三。在国内收入前10款的移动竞技游戏中，有9款由广东游戏企业研发或运营，从推动电竞行业发展的"源动力"层面，来自广东的游戏企业无疑是行业的领军者和佼佼者。[①]

近年来，越来越多的第三方电竞赛事兴起，各地政府、企业、高校等组织承办电竞赛事的热情日益高涨。具有代表性的赛事例如由共青团中央、全国学联、深圳市人民政府联合主办，DJI大疆创新发起并承办的RoboMaster机甲大师赛，该赛事专门为全球科技爱好者打造的机器人竞技与学术交流平台，也是全国大学生机器人大赛旗下重要赛事之一。该平台自2013年创办至今，已经发展成为包含面向高校群体的"高校系列赛"、面向K12群体的"青少年挑战赛"以及面向社会大众的"全民挑战赛"在内的三大竞赛体系。其中面向高校的"高校系列赛"的规模逐年扩大，每年吸引全球400余所高等院校参赛，累计向社会输送3.5万名青年工程师并与数百所高校开展各类人才培养、实验室共建等产学研合作的科技品牌赛事。

未来，我国电竞产业有四个主流发展方向：一是落地打造代表城市的综合赛事IP；二是结合中国传统文化、城市文化进行新文创，打造符合年轻人口味的电竞新文创内容；三是电竞与城市的体育和文旅结合，发挥电竞线上与线下的特点，带动城市文旅、体育的发展；四是打造城市空间，如落地俱乐部主场、打造电竞综合体等。当务之急，打造代表城市的电竞赛事IP正成为我国各地政

---

① 刘秀梅、冯羽：《数字媒体科技传播：创意设计研究》，中国科学技术出版社2020年版，第45页。

府增加城市活力、魅力和影响力的重要举措。

目前,电竞直播平台经历了退役选手成为主播、长尾内容使用户数量增加和移动端带动流量二次爆发等三个发展阶段。国内游戏直播平台和海外直播平台相比,最大的特点在于直播中的弹幕文化,用户可以通过弹幕与主播及其他用户实时互动,极大地提高了用户的参与感与真实度,这也是粉丝经济能够与电竞产业实现深度融合的重要基础。[①]同时,在整个电竞直播产业链形成过程中,科技、文化、传媒及制造等产业为电子竞技产业的发展汇聚了新动力、新源泉,并逐步形成以游戏研发商、硬件制造商、赛事策划公司、广告赞助商及周边产品售卖为主体的电子竞技产业链。[②]

在私域流量市场的加持下,电竞直播产业呈现出以下发展现状。

首先,市场规模持续扩大。随着电竞产业的蓬勃发展,电竞直播市场规模也在不断扩大。数字商务和金融科技分析机构Juniper Research出具的一份报告预测,2025年全球电竞和游戏直播产业总价值将从2021年的21亿美元跃升至35亿美元。这意味着在四年内该产业的总价值会增长67%,使其成为全球游戏产业中增长最快的子类别之一,目前全球游戏产业总价值已超过1500亿美元。

其次,用户基数快速增长。在私域流量市场的推动下,电竞直播的用户基数呈现出快速增长的态势。《电子竞技与游戏流媒体:2021—2025年新兴机遇与市场预测》报告预测,到2025年为止,全球电竞和游戏直播观众将从2021年底的8亿人增长到10亿人以上。

最后,产业链逐渐完善。随着电竞直播产业的发展,相关的产业链也在逐渐完善。从游戏开发、赛事组织、直播平台到广告营销等环节,都形成了一套完整的产业链体系。随着电竞直播市场的不断扩大,用户对于内容的需求也越来越多样化。这为电竞直播产业提供了丰富的发展空间,可以通过创新内容形式和运营模式来满足不同用户的需求。

---

① 蔡湫雨:《电竞经济:泛娱乐浪潮下的市场风口》,人民邮电出版社2018年版,第157—159页。
② 康威:《电子竞技产业概论》,华东师范大学出版社2020年版,第17—24页。

第五节 人工智能主导下的艺术创作产业

随着科技的飞速发展，人工智能已经逐渐渗透到各个领域，艺术创作产业也不例外。在这个信息爆炸的时代，艺术作品的传播和推广面临着巨大的挑战。然而，人工智能技术的应用为艺术创作产业带来了新的机遇。

人工智能已开始逐步渗透到我们的内容创作以及艺术创作产业领域，从诗歌、小说编辑到影视艺术创作，再到艺术绘画，人工智能的身影早已无处不在。事实上，人工智能在艺术领域的探索自人工智能诞生之日起从未停止过，并且不断获得突破性的进展。[①]

2016年里约奥运会，不少报道出自人工智能机器人之手，但人们在阅读这些报道时，并没有发现与人类所撰写的新闻有什么大的差别。同时，人工智能机器人在互联网上搜索文章的速度、广度、精度都远超人类编辑。人类网络编辑原本靠拼凑的网络文章就能获较高的关注度，但撰稿能力更强、出稿速度更快、稿件错误率更小的人工智能机器人能以更高的效率完成人类网络编辑所有的工作。据美联社财经新闻报道，人工智能机器人的稿件产量是人的10倍以上，但错误率却远低于人类记者。

如今的人工智能机器人甚至已经能够从无数经典广告中"学习"构图、配色、文案等技巧，以惊人的速度量产大批达到普通美术编辑水准的广告海报；同时，它可以精准分析网络小说里面的人物、事件、线索、道具、设定等内容，然后归纳出一个受读者欢迎的套路，再把搜索到的好词和好句子装入这个套路，快速编撰形成新的网络文学故事。

此外，人工智能机器人还全面渗透到艺术绘画领域，除了使用帆布、颜料和画笔随机作画，人工智能机器人还可以被输入一套"观念"，用一套"价值

---

① 金元浦：《数字和创意的融会——文化产业的前沿突进与高质量发展》，中国工人出版社2021年版，第250页。

观"来作为创作指导,研究人员亦可以通过编程来对人工智能机器人创建的图像进行定制。例如将其限制在30笔或更少的笔触完成,或者要求它画出更抽象的作品,也可以要求它将创造出更写实的东西。同时,人工智能机器人在艺术领域的尝试越来越广泛,其身影越来越多地出现在各种大小艺术绘画大赛中。

2017年5月,RobotArt.org举办过一场机器人绘画大赛,其目的是让各开发团队展示其开发出的机器人能够像艺术家一样作画,共有来自7个国家或地区的15支团队借助各种技术用机器人制作了70多幅作品。最终,中国台湾的电影《再见》中的智能机器人Geminoid FTAIDA团队获得了一等奖,他们研制的机器人像艺术家一样绘制了一幅爱因斯坦的画像,它的创作过程不是一气呵成,而是像人类一样不停地对细节进行修饰和润色,最终完成了该件艺术作品。2018年是当代艺术史上具有里程碑意义的一年,当年10月25日,由三名程序员组成的法国艺术团队Obvious开发的人工智能艺术作品《爱德蒙·德·贝拉米肖像》(Portrain of Edmond de Belamy, 2018)在佳士得艺术品拍卖会上,以5500美元作为起拍价,最终以35万美元高价售出,比同场毕加索作品的价格还要略高一筹。[①]可见,越来越多且新颖的人工智能艺术形态正涌现出来,人工智能赋能下的艺术领域正迎来新的发展空间。

人工智能技术可以通过学习大量的艺术作品,掌握各种艺术风格和技巧,从而辅助艺术家进行创作。这种智能创作不仅可以帮助艺术家提高创作效率,还可以为艺术创作带来全新的灵感。此外,人工智能还可以通过分析观众的喜好,为艺术家提供更具吸引力的创作方向。

在艺术作品的传播和推广过程中,智能推荐系统也发挥着重要作用。通过算法对私域流量池中用户行为数据的分析,智能推荐系统可以为用户推荐符合其兴趣的艺术作品,从而提高艺术作品的传播效果。同时,智能推荐系统还可以帮助艺术家了解市场需求,为其创作提供有益的参考。

---

① 蔡新元:《人工智能艺术:一场前所未有的新艺术创造》,光明网,https://m.gmw.cn/baijia/2019-07/10/32986346. html,最后访问日期:2022年9月27日。

第六节　增强现实下的智慧文旅产业

目前，文旅产业经过多年迭代发展，已经从定向景区观光游（1.0时代），到商务式休闲游（2.0时代），到分时度假游（3.0时代），到"旅游+定制生活"游（4.0时代），再发展至今，中国文旅已经步入5.0时代，达到大众消费、沉浸式体验的智慧旅游新阶段。顾名思义，智慧文旅产业就是以增强现实为代表技术的数字文旅产业，它是一种以文旅数字化、沉浸式消费新需求为核心，以互联网为载体，将数字技术和信息通信技术应用于文旅产业各个环节的新产业形态，其本质是通过科技赋能、技术创新，打造旅游结合共性技术的再造场景应用，实现新一代沉浸式、体验型文化旅游消费新场景。

近年来，以虚拟现实、增强现实、数字孪生为代表的视觉沉浸技术正不断从资源获取、管理组织和系统平台等方面重塑文旅行业。特别是5G网络以其"高速率、低时延、大连接"的优势迅速与人工智能、工业物联网、虚拟技术、云计算等技术的融合应用，正不断夯实文旅产业数字底座，有力推动了云旅游、云展览、云互动等沉浸式、智慧化文旅消费新场景的快速发展。其中，增强现实技术则结合云渲染与数字孪生等技术，促进现实景区与虚拟场景跨越通过高精度复刻旅游景区内的一草一木，逼真虚拟化建设对文旅产业的智慧化建设有着以下几个方面的深远影响。

1.增强现实技术促进现实景区与虚拟场景跨越

AR内容云平台以5G网络为基础，以增强现实（AR）的形式，以云平台为载体，结合文化旅游数字内容，实现文旅各类现实场景和虚拟数字内容的连接、交互和应用。为景区提供一个为游客提供个性化服务的基础平台，可以在景区提供如虚拟人物（如网红、明星等）讲解、虚拟人物合影、AR场景再现、导览及沿途虚拟街景等代表性服务。

2. 增强现实技术实现了景区内容实时回传

利用切片技术、边缘计算技术、大数据技术等手段,实现了毫秒级5G应用场景和景区数据不出园区,更好地提升5G创新应用中视频回传、AR内容提取、数据传输的及时性、准确性和高效性。依托5G+AR内容云平台大规模云端感知能力和灵活内容管理能力,可以为景区、公园、博物馆、文化馆、电竞等其他城市场景提供基础云服务。

3. 增强现实技术促进旅游资源 IP 化

5G+AR内容云平台还可为文化旅游数字内容体系提供完善的技术载体和先进的交互手段,并面向各类旅游景区、文化古迹、博物馆、文化商业综合体等进行推广应用。通过结合3D–GIS、物联网、电子竞技、5G文旅互动直播、旅游文创等数字技术,进行持续的技术升级和应用完善,从而促进本土文化旅游数字内容资源的整合、创新、传播和IP化,推动文化旅游数字内容由资源向资产转化,催化5G、AR等技术在文化旅游领域的应用落地,为面向扩展现实(XR)等方向的更高技术演进夯实基础。

此外,随着《城市信息模型(CIM)基础平台技术导则》《实景三维中国建设技术大纲(2021版)》《数字化城市管理信息系统 GB/T 30428》《数字孪生城市白皮书》等文件出台,数据价值化到数字化治理的理念逐步深入人心,实景影像资产将逐步成为下一阶段智慧化管理的应用依托。智慧景区平台不仅能够从建设内容、组织计划、运营投资政策、技术要求规范和建设标准及服务准则等方面提供辅助,还能通过旅游资讯宣传、旅游信息公共服务以及信息监控等平台的建设,完善智慧景区建设的后台服务,不断推动智慧景区发展过程中的政府服务职能转变,加快旅游产业信息化发展。当前,智慧景区平台作为满足虚拟空间中文旅体验的基础,会成为文旅行业智慧化转型的关键,而类似体感游戏的旅游公园也将成为文旅产业的发展新趋势。

智能算法通过智能推荐、智能导游、智能预测等方式重塑智慧文旅产业。第一,算法可以根据游客的行为数据,如搜索历史、浏览记录、购买行为等,进行深度学习和分析,从而为游客提供个性化的旅游产品推荐,不仅可以提高游客的满意度，也能提升旅游产品的销售效率；第二，通过语音识别和自然语言处理技术，算法可以实现智能导游的功能，游客只需要对着手机说出想要去的地方，智能导游就能提供详细的路线指引和景点介绍，这种新型的导游方式，不仅方便了游客，也解决了传统导游人力资源短缺的问题；第三，通过对历史数据的分析和预测，算法可以预测未来的旅游趋势，为旅游企业提供决策支持。例如，通过分析历年的旅游数据，算法可以预测出哪些时间段是旅游高峰期，从而帮助企业提前做好接待准备。

第六章

数字媒体时代下算法的
应用场景和发展路径

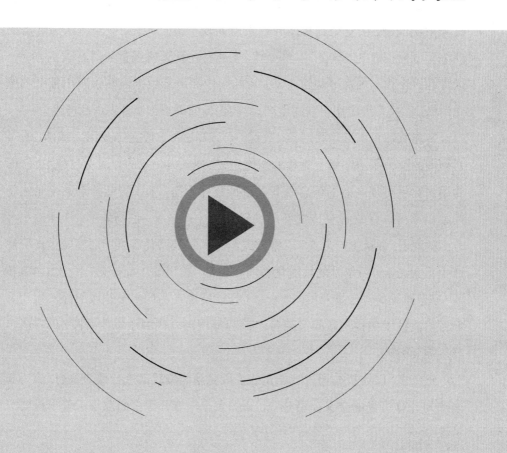

第一节 算法重构下的智能化新闻编辑部新业态

一、算法思维下的智能化新闻编辑部发展

算法（Algorithm）是指解题方案的准确而完整的描述，是一系列解决问题的清晰指令。算法代表着用系统的方法描述解决问题的策略机制，也就是说，能够对一定规范的输入，在有限时间内获得所要求的输出。如果一个算法有缺陷，或不适合某个问题，执行这个算法将不会解决这个问题。不同的算法可能用不同的时间、空间或效率来完成同样的任务。一个算法的优劣可以用空间复杂度与时间复杂度来衡量。

算法是将复杂的过程抽象成具体的可重复的模块，这样就可以交给计算机来解决问题，从复杂到具体的抽象就实现了范式转移。一套算法通常需要训练大量数据才能"学会"一件事情，尤其是在计算机视觉和语音识别方向，通常在一个模型内需要喂给成千上万的图像和语音数据才能识别出某个图像和语音。算法思维应用于新闻生产，智能化新闻编辑部新业态由此产生。

智能媒体是指以物联网、大数据、云计算、人工智能等技术为基础，通过对新闻的策、采、编、发全流程的智能化，实现新闻信息的智能生产分发，从而为用户提供更加高效的信息服务的新型媒体形态。人工智能背景下智能化新闻编辑部可以有效解决传统新闻编辑部在生产效率、创新效率、管理效率等方面的痛点，并从生产方式、思维方式与未来发展路径等维度对新闻生产机制产生重大影响。新华社的智能化新闻编辑部、腾讯的Dream writer、AR、VR新闻、字节跳动的算法推荐等，都是人工智能技术在新闻传播领域的深入应用。但目前该技术架构与新闻采编各个流程深度融合尚处于早期阶段，仍有诸多障碍需要突破。

近年来，媒体机构通过智能化的手段对新闻编辑部进行重新整合，成为新闻界与计算机界的交叉前沿热点，新闻生产内容开源方面取得了若干重要突

破。算法思维重构媒体形态，媒体在智能化新闻编辑部等方面进行积极探索，通过智能化的手段对新闻编辑部进行重新整合，成为新闻界与计算机界的交叉前沿热点，对新闻生产内容的开源方面取得了若干重要突破，有效实现PGC（专业制作内容和专家制造内容）与MGC（机器生产内容）的融合。

二、算法新闻重构数字时代的人机关系

在数字环境下，依附于机器的相关应用技术，影响着每一代传播的基础结构，也影响着传播结构中的权力中心的形成。技术的更迭，会带来内容网络的更迭，随之而来的还有权力中心的流动。虽然机器的因素只是推动权力流动的动力之一而不是全部，但没有来自机器方面流动的技术因素的冲击，数字新闻生态中的权力格局可能更容易固化。

算法新闻指以新闻文本的生产为主要目的、以机器学习或者神经网络为技术基础生产和分发的新闻，它是以计算机算法技术为基础，利用算法工具自动完成生产新闻、分发新闻以及助推新闻的落地等一系列流程的一种方法或系统。以技术创新引领产业发展无人区、算法思维重构智能化新闻编辑部、人工智能成为未来数字新闻业的基础设施性要素为特点，算法新闻正在加速重构数字时代的人机关系。

1. 技术创新引领新闻业挺进产业发展无人区

"十四五"以来，中国以信息经济、生命经济、绿色经济、创意经济等为重点，不断提高创新能力，大力培育骨干企业，不断优化产业生态体系，引领产业向高端化、规模化、集群化发展，成为我国战略性新兴产业创新发展的重要策源地和标杆城市。人工智能、超高清产业、增强显示等技术创新正引领新闻业挺进产业发展无人区。

用AI技术修复老胶卷电影，可达到8K超高清视频的惊人画质。科技企业的AI+8K超高清视频技术成为突出亮点，《8K超高清大屏幕系统视音频技术规范标准》等行业标准出炉。超高清视频是继视频数字化、高清化之后的新一轮重大的技术革新，中国布局支持超高清视频产业的研发与创新，将使

5G+8K+AI成为中国经济发展的一个增长极。

随着5G的加快商用，8K超高清视频有望成为5G时代第一个实现万亿元规模的领域。中国率先瞄准这一领域发力，2019年就制定出台的我国第一个地方性8K产业专项规划政策《中国8K超高清视频产业发展行动计划（2019—2022年）》提出实施20个8K超高清视频重大关键技术攻关项目，建成8K产业发展高地。

中国多家8K领域企业都已推出"5G+8K"超高清屏系列产品。其中华为、创维、康佳、TCL华星光电等一批中国企业，不仅在8K自主技术研究及落地应用上位居全球前列，在8K领域的布局步伐也不断加快，有力带动了中国8K产业的整体发展。

2. 算法思维重构"人工智能＋"智能化编辑部

数字新闻业的全面形成，主要得益于互联网，互联网成为数字新闻业的关键基础设施。互联网的终端结构也必然影响到数字新闻业的基础结构。

门户网站构建了第一代互联网公共信息传播网络，也完成了对由媒体垄断的公共传播渠道的一次分权。当机器应用走到社会化媒体阶段时，互联网中个体用户也拥有了个人化的节点，成为"个人门户"，即内容生产、传播、消费的基础节点。

在技术的演变过程中，越来越多的主体加入新闻系统中，在各种技术应用的累积作用下，多种主体、多重渠道、多种传播模式共同构成了一个开放的、网络化的新闻生产、传播系统，它总体上呈现为分布式特征。但这并非意味着这个网络中所有节点都绝对平等，也并非完全的去中心化。

数字经济浪潮席卷全球，传媒经济影响到传媒深层组织架构。不少媒体组织在受到新技术冲击之后，开始反思并主动研究人工智能等技术对于传媒产业的技术采用路径的影响，优化产业生态布局，完善产业链。

国内外多家媒体组织近年在不同程度上探索通过人工智能技术对新闻生产、销售的各个环节进行重塑，其核心内容为处理人与机器的关系。海内外经验对于中国实践有重要参考价值。

美联社推出新闻编辑部"人工智能"使用手册，这份指南清楚阐述了"增强新闻"的特点和风险。关于"增强新闻"，最核心的三个术语是"自动化""人工智能"和"认知技术"。"自动化"即减少人工工作，将记者从繁杂的初级劳动中解脱，让公众更快看到新闻。而"人工智能"和"认知技术"是指参与新闻工作的智能机器具有"自我"意识，具有一定程度的识别能力，它的"思维"或"智力活动"可以用于信息输入和新闻生产。

英国体育媒体Give Me Sport使用Breaking Data的自然语言处理技术，来对Twitter内容进行扫描，寻找与预定关键字相关的推文；谷歌投资新闻协会通讯社，开发出工具为报道自动匹配图表、图片或是视频；初创公司Veo研发产品用AI技术来拍摄足球比赛；Joostware的Who Said What工具通过算法核查音视频片段中的引用内容；Affectiva通过面部识别技术，根据受众看到一类视频时的情绪反应，来有针对性地推荐视频内容。

3. AI成为中国"新基建"发力的"生力军"

物联网时代，万物皆媒，各种机器、智能物体（包括传感器）也成了新闻信息的采集者，它们采集的信息不仅会成为媒体重要的资源，甚至可能直达用户。除了信息采集外，在智能化的信息加工、处理，包括机器新闻写作、智能化音视频生产、智能化信息过滤与审核、智能化反馈、智能化分发等方面，机器的作用也在与日俱增，参与程度也在不断加深。人工智能也成为未来数字新闻业的一种基础设施性要素。

中国正以"基础研究+技术攻关+成果产业化+科技金融+人才支撑"的全过程创新产业链，力争在高端软件、人工智能、区块链、大数据、云计算、信息安全等领域实现更多从"0"到"1"式的原始创新，催生了以人工智能、区块链、大数据等技术为基础的智能媒体技术发展。

在5G的基础上AI快速发展，AI成为中国"新基建"发力的"生力军"。目前，中国已形成完整的人工智能产业链，涵盖基础层、技术层和应用层三个环节，构成梯次接续的企业生态体系。中国依托良好的产业基础，瞄准人工智能领域持续发力。中国人工智能重大项目和平台建设提速，推动人工智能在新闻行业的应用驶上"快车道"。

三、智能媒体新业态典型案例——以人工智能背景下的新华社智能化新闻编辑部为例

智能媒体是AI技术在文化产业领域的突出应用，是在人工智能技术广泛渗透到各个业务领域的大背景下应运而生的。智能媒体是指以物联网、大数据、云计算、人工智能等技术为基础，通过对新闻的策、采、编、发全流程的智能化，实现新闻信息的智能生产分发，从而为用户提供更加高效的信息服务的新型媒体形态。中国在创新推动经济高质量发展的同时，也十分注重用创新推动媒体融合、转型升级。

1. 算法思维下的智能化新闻编辑部发展概况

中国正以"基础研究+技术攻关+成果产业化+科技金融+人才支撑"的全过程创新产业链，力争在高端软件、人工智能、区块链、大数据、云计算、信息安全等领域实现更多从"0"到"1"式的原始创新，催生了以人工智能、区块链、大数据等技术为基础的智能媒体技术发展。

媒体在智能网络、智能节点、智能分析、智能产销等方面，以数据分析辅助新闻报道，将技术驱动植入到媒体的生存与发展基因中去，从而改变媒介产业的思维方式和实践方法。作为人民日报社推进媒体深度融合、加快构建全媒体传播格局的重要举措之一，人民日报智慧媒体研究院于2019年9月正式成立，设立了内容算法项目和人工智能媒体实验室，将大数据、AI等前沿技术运用到智慧媒体融合发展上，实验成果在中国等地率先应用。面对互联网传播移动化、社交化、视频化的趋势，推出人民日报短视频客户端"人民日报+"，成为首个上线短视频聚合平台的中央媒体。在孵化创新项目上，该研究院还推出"融媒体创新产品研发与孵化项目"，致力于打造一个"智能化+大数据+云服务"的平台，向媒体行业输出融媒体智能化的解决方案。

广电媒体建设智能媒资管理系统，将历史存量素材近线磁带转在线、翻库、拆条以及每日增量入库的视音频素材，还有日益增长的互联网视音频图文

混合的多媒体稿件内容进行数字化存储。中国报业集团努力在互联网、大数据、手机App等新媒体产业纵深积累，提升沉浸+互动体验，聚合新媒体资源，形成一条完整的新媒体产业链。由国家广播电视总局、中国人民政府主办的中国国际新媒体短片节，于2019年率先发布了AI虚拟偶像，使用了自主研发的表情和情感等人工智能计算技术和3D图形计算技术，同时搭载思必驰语音合成系统，可以实现实时对话功能。

2. 智能化新闻编辑部"编辑部+AI"的新型采编架构

通过技术对传统编辑部进行改造，是新华通讯社针对数字经济对行业带来的机遇与挑战提出的系统化应对方案，其中，粤港澳大湾区是成果落地的试验田。

（1）智能化新闻编辑部的技术底层逻辑

新华社智能化新闻编辑部利用"媒体大脑"平台的智能采集、用户分析、图像识别、语音合成等功能，推进人工智能技术在策划、采集、编辑、加工、分发、反馈等全流程中的应用，探索智能化编辑部的标准范式，并进行编辑部建设的能力输出。设立视频处理、图像应用、AI等多个项目组（见图6-1），对关键节点进行模块式创新，从机器生产、人机互动、人机协作三个方面重整底层架构，提高生产传播效率。

新华社智能化新闻编辑部组合"媒体大脑"、现场云、AI合成主播、时政动漫平台等初具雏形的技术应用，累计生产AI主播视频、短视频、卫星新闻、数据新闻等30余个品类的创新报道产品，同时在语音处理、视觉计算、自然语言理解、职能决策等基于GPU的人工智能支撑平台技术、基于人工智能技术的融媒体报道生成系统进行探索，以期产生飞跃式创新。

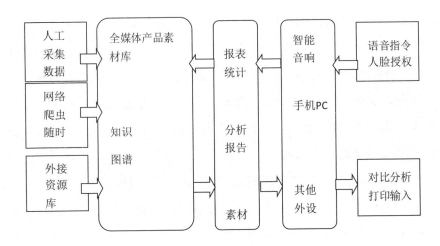

图6-1　智能化编辑部数据底层架构图

新华社通过智能化新闻编辑部建立"编辑部+"新型采编架构，提升编辑部全媒体报道组织策划和产品加工能力，报道实现全媒化转型，推动建立"统一指挥、集中编辑、N次加工、多元分发、全终端覆盖"的新型采编架构。

改造后的智能化编辑部通过数据挖掘、图像识别和自然语言处理技术，将不同来源、不同维度（自然灾害、社会安全事件等）、不同地区（国际、国内、省等）的突发事件新闻线索、背景及报道自动聚合，并按照热度分级呈现，实现"观图而知天下事"。通过引入人工智能技术和融媒体系统，将影、音、图、文等多模态新闻资讯快速采集、融合、分析呈现，帮助媒体提高决策效率。

目前编辑部建设采用分步走策略：第一阶段实现突发事件智能报道基本功能。针对突发事件，能够快速采集信源，进行数据分布存储，对爬取账号可信度进行评级和鉴定，完成信息智能甄别，有效区分谣言和新闻事实，融合生成突发事件报道，最后供给采编人员使用；第二阶段产品进一步完善，加强图片和视频内容自动识别，增加智能提醒功能，融入新华社内智能化编辑部建设；第三阶段重点服务新华社突发事件报道，能够与社里报道系统对接。也具备向社外媒体输出技术系统的能力。

（2）智能化编辑部数据底层架构分析

由于产业结构的调整、变化、更替和产业主导位置等变化，产业发展具有规律性。其中，高新技术产业发展与传统产业的改造是产业发展的规律之一。[①]

新华社智能化编辑部的实践探索，"中心化"特点明显，试图建立以"智媒体"为核心的技术、业务、组织架构，强化指挥中枢作用，依托"数据+算法+算力"，构建"智能中枢+智能产品"平台体系。

通过数据展现层与交互层、数据应用层、数据资源库、外部数据接入等分层结构设计，建立新闻产品的智能审核、认证、分发、交易平台，并通过"AI机器审核+人工审核+质检回查"相结合的审核机制，改变仅靠人工审核内容的低效模式，进一步提升新闻产品的出品效率和准确度，以达到复用、组合创新、规模化构建智能服务的目的。现将数据结构分析如下：

第一，数据展现层与交互层。数据展现层与交互层通过手机App、PC端网页、微信或蓝信群组内的链接与插件等直接获得展示，可采用多种人工交互方式。

第二，数据应用层。数据应用层包括报表统计、传播报告、分析报告、素材检索与其他数据可视化产品，可以在一层设计、扩充新的数据应用，可以直接加工成数据产品或者生成展示页面。例如，可以对用户数据进行深入分析，了解社会热点、挖掘"草根"故事、确立调研议题，用大数据手段辅助并提升调研本领，生动反映国家发展、社会进步和生活巨变，达到及时、深度、有效引导热点舆论的效果。

第三，数据资源库。各种图文音视频素材、稿件相关数据信息、各类公文模板、通讯录或者工作流程模板等，还可以接入更多数据。数据资源库可对数据进行自动抓取与人工填报。融媒体产品的阅读、点赞、评论数据与内容是现阶段评价融媒体产品的新闻价值和受众喜好程度的重要指标。决策者需要掌握及时、可靠、详尽的数据来做出策划与指挥。

目前新闻产品的技术结构（见图6-2），底层的技术基础为算法和算力

[①] 鲍宏礼：《产业经济学》，中国经济出版社2018年版，第124页。

支持；感知层为语音、图像、视频、XR的处理；认知层为自然语言处理、用户画像和知识图谱；平台层为以上列出的Caffe、Cognitive Toolkit、mxnet、PaddlePaddle、pyTorch、TensorFlow、Chainer等AI开放平台；生态层为自建的AI技术生态。新华社的现场云、AI主播等能力也对外输出，提供交叉数据服务。

新华社融合媒体技术的发展、智能化编辑部的打造都需要人工智能技术来支撑。而当前人工智能依赖的各类深度学习算法对基础支撑平台的运算能力、速度和效率提出了更高要求。因此，建设与人工智能技术同步发展的底层支撑平台成为当前急需解决的问题。

图6-2　新闻产品的技术结构图

媒介1.0时代，内容生产主体是搜集信息，如中国唐朝的邸报，专用于朝廷文书和消息的传达。媒介2.0时代是机构生产信息，专业的记者编辑团队采制新闻全球播报。媒介3.0时代是受众与媒体交互生成信息，如互联网用户在博客等中心化自媒体平台自主上传内容。那么，新闻媒介逐渐向媒介4.0时代过渡，卫星、摄像头等机器逐渐成为智能化生产平台的内容生成主体。

通过智能化的手段，智能化新闻编辑部实现PGC（专业制作内容和专家制造内容）与MGC（机器生产内容）融合，实现新闻采集全媒化，人才队伍专业化，技术装备智能化，机构设置规范化，运行管理科学化。新闻生产内容实现部分开源。

在智能化新闻编辑部，智能化生产平台推动MGC（机器生产内容）常态化，着力打造智能化生产平台，提升编辑部智能化视频生产能力，在全球智能化视频生产、分发上保持领先地位，开发"媒体大脑"英文版，强化人工智能外宣产品生产。

2017年新华社发布国内首条MGC视频新闻，即运用人工智能技术由机器智能生产的新闻。第一条MGC（机器生产内容）视频新闻《第五届新兴媒体产业融合发展大会开幕》，这条时长2分08秒的视频，计算耗时只有10.3秒。

机器生产内容背后是复杂的数学和几何计算，尤其是涉及图形处理和视频处理时，对算法和算力提出较高要求，目前新华社基于机器生产内容的技术探索主要从以下三方面展开。

一是音乐库与分类标引。新兴短视频平台的热门音乐具有很高辨识度和很强的类型属性。对于大国重器、英烈模范、正能量暖心视频来说，很多音乐都是可以反复利用，且能形成爆款的，因此可以增加音乐类型智能推荐和检索功能。

二是内容核查系统。通联来的素材，需要内容的比对与核实，可以采用人脸识别、场景检测等技术辅助编辑进行。

三是短视频的辅助剪辑。音乐节拍与画面对位等方面均可提供很大的辅助作用。新闻采集为爬虫抓取、主播录棚为AI生成，图表、音乐通过AI技术智能匹配，让费时费力的短视频产品生产实现"一键生成"。

新华社在中国的智能媒体实践，重点在于将融媒体产品（文、图、音、视频、H5等全媒形态）打包成为一组融媒体产品的生产加工全流程，并尽可能地使之成为一个闭环，即从线索开始，一直到策划、采集、生产、分发、反馈，再到发现新的线索的生产闭环（见图6-3）。

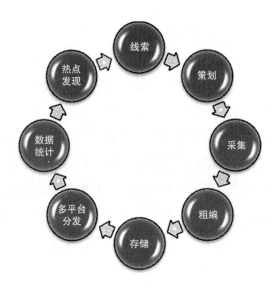

图6-3 融媒体产品生产闭环图

生产闭环可以缩短每个环节的启动、准备与衔接时间，通过团队协作软件、项目管理、数据分析等效率工具，可大大缩短整个闭环的执行周期以及提升融媒体产品策划、执行与呈现水平。

以融媒体产品为例，一位成熟的编辑每天产出短视频12条左右，通过人机协作，生产效率可提升3—5倍。人机互动、人机协作为编辑记者节省了大量时间和精力，从而更多地投入源头的创意创新，同时将有限的人力配置到深度调研等内容生产核心领域，这在内容为王的全媒时代尤为重要。

3. 数字新基建夯实智能化新闻编辑部产业基础

智能媒体在中国被广泛用于应急传播、灾情报道、常态化防疫管理、网络理政等新场景，推动"智媒＋社会治理"模式创新；党建机器人、云上音乐厅、智能拍摄机器人等亮点应用频出，智能媒体持续赋能党建、文旅、会展等垂直行业应用，推动"智媒＋千行万业"服务创新；智能媒体前沿技术集中亮相北京冬奥会，云转播、AI手语主播、数字分身等应用彰显智媒无限潜能；智能虚拟人应用创新火爆破圈，商业化进程加速，吸引众多领先企业加速元宇宙全产业链布局。

人工智能与媒体行业的融合发展不是简单的"叠加"。打造智能媒体的目的是提升新闻产品的规模化创新能力,使媒体真正做到自身能力与用户需求的个性化、场景化的高效对接,这需要采用不同的AI技术进行反复训练和不断调优。建构AI媒体产业生态,需要将顺底层技术、系统应用到前端产品,探索与相关产业联盟、智库、头部科技公司的合作机制,通过技术升级深度赋能媒体发展,将前沿的创新技术能力深度应用到各个新闻产品的生产中。

人工智能的应用给新闻传播带来了一场革命性变革,对于如何正确处理人机协作、处理新闻工作者与技术的关系提出新的挑战。人工智能中人与机器的关系,涉及新闻采编业务、媒体组织管理、媒体经济以及新闻伦理。从现阶段来看,人工智能的优势在于能够突破人的精力、体力极限,达到传统人力所无法企及的生产效率,大幅降低劳动成本。但也要看到,新闻工作是人的精神活动的产物,包含着人的世界观、人生观、价值观,蕴含着人的思想、情感和意识,这些都是目前人工智能所无法取代的。

在新闻采访中,记者的职业素养对于新闻事实的判断有重大影响。比如在舆论监督事件中,"任何人都有可能对记者撒谎",用批判思维组织稿件,保持平衡叙事,才能最大限度维护新闻的真实性。而在人工智能时代,多主体新闻事件如果依赖爬虫技术抓取、机器自动写稿,可能导致源头误导信息被反复传播,"谎话重复一千遍即为真理",产生戈培尔效应,从而对新闻真实性提出挑战,影响公众认知。

推进智能化编辑部建设,要把握好人与机器的关系,智能化编辑部并不意味着把所有工作都交给机器来做,"人机协作"中居于主导地位的仍然是人。要发挥人工智能的比较优势,把编辑记者从简单劳动中解放出来,更多从事思想性、创意性智力劳动。然而,不能忽视的是,新闻媒介的功能除了沟通情况、提供信息、舆论监督、传递知识、提供娱乐和获得经济效益,更重要的是,引导舆论,进行社会教化,塑造主流价值观。目前从实践来看,机器产品无法实现政治功能,或者说如果通过算法对机器新闻赋予政治教化功能,对社会存在潜在危害,所谓"正确导向"会存在失控风险。因此,要在AI辅助新闻生产时代更加强化人的把关作用,对算法模型、产品生成、稿件推送的新闻导向进行新闻伦理检视,让先进技术发挥正向作用。

第二节　移动互联网算法下的数字音乐产业新业态

一、移动互联网算法下的数字音乐产业发展基本情况

数字音乐作为音乐与科技融合交叉的新兴学科,代表着科技革命和产业革命的发展方向,也是未来学科建设的重要方面。国际唱片协会数据显示,中国音乐版权保护的链条基本完善,数字音乐产业正迈入正版化运营的全新发展阶段。

随着数字技术的革新,算法和人工智能作曲模型进入大众视野。算法和人工智能作曲模型是一种使用人工智能技术创作音乐的软件或系统。它可以根据输入的音乐风格和偏好,自动生成原创的音乐作品。人工智能作曲模型通常使用机器学习技术,根据大量已有音乐作品的学习,来模仿人类作曲家的创作方法,并在此基础上自动创作新的音乐作品。人工智能作曲模型的出现,为音乐创作提供了新的思路和方法,同时也为音乐家和作曲家提供了新的工具。

目前国际市场主流的音乐推荐引擎总结起来分为三种,试以Pandora、last.fm和spotify为例进行说明。

(1)内容算法(Pandora):基于内容的推荐,该系统从一个商品的详细特征信息出发,寻找具有类似特征的其它商品;源于音乐基因组项目,音乐学家分别试听不同的歌曲,然后将超过450个不同的属性标记到每一首歌上。

(2)协同过滤(Last.fm):基于"购买了此商品的用户还购买了"和"和你类似的用户也喜欢"的推荐算法,在电商网站上也很普遍,该算法不需要关于商品属性的详细信息,虽然缺乏专业知识,无法给出具体的推荐理由,但非常简洁实用,实际应用效果很好。

(3)混合算法(Spotify):协同过滤为原算法;利用网络爬虫抓取有关音乐的博客文章和其他在线讨论的内容,从中提取听众用来讨论不同歌曲和歌手

的描述性语言，然后使用这些术语作为这些歌的属性；另外使用机器学习算法分析歌曲的音频信号，从中提取特征信息，例如速度、音量、调子和调性；具有对音乐收听模式的基于协同过滤的理解，以及对于音乐本身更为深刻的理解。

近年来，中国版权产业的数字化、网络化的趋势凸显。无论是内容、技术还是商业的融合发展速度越来越快，产业新活力不断迸发。中国以高新技术为产业切入点，大力推进音乐的数字化和数字音乐产业的发展，相继涌现了一大批领军企业和知名品牌。例如，成立于2020年1月的腾讯音乐娱乐集团旗下由你音乐研究院，该研究院致力于打造国内音乐领域第一专业智库，其核心理念是"连接行业、数据赋能"。其中，"由你音乐榜"秉承腾讯音乐娱乐集团音乐理念，不断在产品、数据等各方面实现创新，并通过定期发布《华语数字音乐年度白皮书》，从音乐内容生产用户消费、跨界场景等多维度、全方位总结了华语数字音乐行业的发展情况，深刻把脉了"市场活力显著提升""用户付费增势明显""跨界联动趋势明显"等音乐行业新特点、新趋势。

A8新媒体集团有限公司，前称中国华动飞天网络技术开发有限公司，创立于2000年5月，于2008年6月在香港主板（代码：00800.HK）上市。A8新媒体通过A8音乐（www.a8.com）发行原创音乐及开发演出产品，由旗下音频与视频流媒体（如多米音乐、映客等）和粉丝社区（偶扑）进行多渠道宣传推广，最终通过现场演出（尖叫现场、LOVE CONCERT等）、品牌合作与广告、内容授权及文化产业园区（A8live）实现音乐IP增值变现。

A8新媒体集团有限公司通过A8音乐原创互动平台、A8音乐网站以及国际和国内唱片公司获取其音乐内容，并通过无线网络销售，为持续增长的手机用户提供优质的音乐内容与服务。目前，A8新媒体集团有限公司在中国的音乐界掀起一股产业数字化新浪潮。据悉，A8新媒体集团有限公司通过自主研发的UGC（用户产生内容）互动平台，成功收集了海量原创音乐内容。同时，该集团从国际性唱片公司及中国本地的唱片公司获取优质、经典原创音乐内容，在数字音乐产业原创内容及商业模式创新方面取得了突破。

二、音乐推荐算法推动数字音乐产业发展

音乐推荐算法是基于用户关注的音乐信息，通过数据挖掘和机器学习等技术，将符合用户口味的音乐内容推荐给其他能够根据用户的历史偏好、行为习惯和社交网络等数据，准确预测用户的兴趣和需求，从而提供个性化的音乐推荐服务。

随着互联网和智能设备的快速普及，音乐推荐算法在电子音乐行业中得到了广泛应用。通过分析海量的音乐数据和用户行为数据，推荐算法能够从中发掘潜在的关联规律，为用户提供更多元化、个性化的音乐选择。这为用户发现新音乐、拓展音乐品味提供了便利，同时也为音乐平台增加了用户黏性和交易额。

音乐推荐算法的关键技术包括基于协同过滤的推荐算法，通过分析用户行为数据，寻找具有相似兴趣的用户群体，进而将这些用户喜欢的音乐推荐给其他用户。

流媒体音乐的增长和普及改变了人们的音乐消费方式，用户可以随时随地收听在线音乐，这种变化趋势促使数字音乐的营销模式逐渐向以"用户为中心"的个性化营销转变，推荐系统的诞生使其成为可能，通过融合多种推荐算法/策略（用户画像、协同过滤、内容过滤等）捕捉用户的兴趣偏好，并将感兴趣的内容推荐给用户。

然而，与其他类型的推荐内容相比，数字音乐中存在诸多独特性和挑战性问题，导致现有推荐算法未能发挥很好的营销效果。为此，如何提出切实有效的音乐推荐算法，用于提升数字音乐的营销效率，是众多音乐平台亟待解决的核心问题之一。在音乐偏好理论和推荐技术的研究基础上，研究者利用大数据和机器学习技术对用户属性、歌曲元数据及用户行为进行深度挖掘，提出了一系列个性化、精准化和智能化的音乐推荐算法，为数字音乐在内容分发、用户体验和商业变现等方面发挥了关键作用，达到了降本增效的营销目的，也为其他内容领域的营销优化策略提供了实践指导和借鉴意义。

与现有算法体系相比，音乐推荐算法实现了用户音乐偏好的多维度捕捉，从而提升模型预测下一首歌曲的精准度，其研究成果可用于下一首歌曲等推荐任务，为用户带来个性化程度更高的音乐收听服务，提高用户对音乐平台的满意度和付费意愿。

数字化形态的在线音乐产品已经逐步取代传统音乐产品的地位，广泛地影响着人们的生活。近年来，中国重视营造有利于数字音乐产业发展的营商环境，推进移动互联网下数字音乐产业新业态，并取得新突破。

目前，经过多年的发展，以算法带动的数字音乐产业逐步形成"两个西瓜、多个苹果"的市场竞争新格局。其中，"两个西瓜"指A8新媒体集团有限公司和腾讯QQ音乐两个国内主要的数字音乐服务商；"多个苹果"是指萌生了一批又一批的以经营数字音乐产品为主的小型企业。各数字音乐企业之间竞合发展，协同共进，不断创新中国数字音乐盈利模式和消费方式，有效推动了数字音乐产业的转型升级。

其中，A8新媒体集团有限公司是中国主流的音乐服务提供商，该企业通过建立数字音乐平台，抓住了文化与科技相结合的趋势，改变了音乐产业传统发展的路径，完善了数字化音乐供应链；而腾讯QQ音乐是网络音乐平台，也是中国互联网领域领先的正版数字音乐服务提供商。腾讯将数字音乐引入QQ聊天工具中，会员不仅可以在聊天过程中收听歌曲，也可以使用背景音乐，甚至可以与聊友共享歌曲，开创了音乐共享新模式。如今数字音乐也被引入QQ博客中并推出音乐云，实现了PC与多终端自动同步而提供一站式的个性化音乐社区服务。

同时，在地方政策和资本利好下，数字音乐作为泛娱乐生态链中重要一环，将持续吸引头部互联网企业在中国展开音乐业务布局。随着政策持续引导和赋能，特别在5G、移动互联网的加持下，数字音乐产业格局将迎来新变化、新突破。

目前，数字音乐在线收听直接收入主要来自数字音乐，数字化形态的在线音乐产品已经逐步取代传统音乐产品的地位，而在线音乐产品全新的市场特性使在线音乐产业价值链上相关企业或部门面临的现实环境更加富有挑战性。

在数字音乐产业发展道路上，版权保护仍然面临很大的困难，盗版问题就是其中最大的阻力。据估算，互联网上的数字音乐90%以上内容都是未经授权的，在盗版泛滥的情况下，也就造成了数字音乐用户基数高却不能产生更高收入的问题，对数字音乐产业造成的损失巨大。目前，我国音乐法定许可相关制度设置需要尽快跟上技术和商业模式创新的步伐。

近年来，特别是进入5G发展新阶段，国家高度重视区块链、大数据、人工智能等技术在音乐版权保护中的应用，不断完善版权保护与服务机制、探索了符合市场规则和国际惯例的数字音乐授权和版税分配机制；并通过云计算、大数据、区块链等先进技术实现数字音乐版权数据互联互通，搭建了集数字版权登记、溯源保护、监测维权、版权运营为核心功能的版权公共服务平台，为推动中国数字音乐产业高质量发展打造良好的服务支撑。

三、数字音乐新业态典型案例——以移动互联网下A8数字音乐发展新模式为例

数字音乐，是用数字格式存储的、可以通过网络来传输的音乐。无论被下载、复制、播放多少遍，其品质都不会发生变化。数字音乐产业已经确立了它在我国数字内容产业中的重要地位，传统音乐产业、电信运营企业和数字技术企业争相进入这一领域，一批具有一定规模、拥有各自竞争优势的代表性企业相继涌现，对在中国市场条件下发展数字音乐产业进行了大量的探索和尝试。其中，A8新媒体集团有限公司就是数字音乐娱乐产业领军企业的典型代表。

A8新媒体集团有限公司致力于构建基于移动互联网的音乐娱乐业务产业链和精品游戏发行平台，其目标是成为中国最大的年轻人娱乐平台。该公司建立了"国家音乐产业基地-数字音乐产业园区"，一方面通过与EMI百代、环球等国际唱片巨头的合作解决网站音乐内容的版权问题，另一方面凭借自身网络优势发掘原创音乐，从而培育更丰富的音乐资源。A8新媒体集团有限公司的发展历程折射出了中国乃至世界数字音乐产业的发展过程。

1. 数字音乐产业发展历程和新特征

数字音乐在中国基本保持了与国际同步的发展速度，也同样经历了世界数字音乐发展史上的几个重要阶段。

2004年前后，数字音乐在中国进入了产业化发展阶段。我国的数字音乐市场仍然处在发展的初期，虽然发展数字音乐产业的市场条件仍不完善，在销售额上尚不能与美国等发达国家相比较，但中国内地庞大的潜在市场、宽带的高速普及以及与世界同步的移动通信基础设施建设却为这一产业的发展奠定了基础。

2009年中国在线音乐市场规模同比增长8.2%，达到1.4亿元人民币。2010年，在线音乐市场收入平稳上升，收入规模为2.8亿元。2012年在线音乐用户规模4.36亿人，在线音乐市场规模18.2亿元，2020年中国在线音乐市场规模为131亿元。[1]在线音乐演出的收入大大拉升了本年度的在线音乐市场规模。中国在线音乐潜藏着巨大的市场需求，发展空间还有待市场各方充分挖掘。全球音乐产业加速向数字音乐转化，传统唱片业的阵地大为缩减；同样，中国的在线音乐市场也方兴未艾，用户规模和比重都在持续增长。但是，商业市场还远未成熟。

当前，国内移动增值业务快速发展，其中无线数字音乐产业给用户带来了崭新的娱乐体验，成为推动数字音乐全面崛起的生力军。纵观全球，随着5G商用进程的不断加快，以无线音乐为代表的手机娱乐业务迅速崛起，成为移动运营商看好的业务增长点。音乐行业未来发展的方向在于数字音乐，中国互联网数字音乐用户占世界前列，只要解决了版权问题，数字音乐的收入未来几年就可能出现几十倍甚至上百倍的增长，前景十分乐观。

互联网和无线网上的数字音乐传播活动在20世纪90年代中期开始出现，在21世纪初进入商业化发展的轨道。以其发展过程中具有里程碑意义的事件为标志，我们可以把世界数字音乐的发展历程划分为四个阶段。因为不是按年

---

① 《2021年中国在线音频行业市场规模及竞争格局分析　喜马拉雅竞争优势明显》，搜狐网，https://www.sohu.com/a/539324409_114835，最后访问日期：2022年4月19日。

代进行的划分，这几个阶段之间存在着一定程度的交叉，但这并不影响我们对数字音乐发展历史的整体认识：

（1）在线自由交流阶段。

在互联网发展的早期，由于网络传输速度很慢，通过互联网共享数字化的音乐被认为是可望而不可即的梦想。1993年，MP3音频压缩技术诞生。MP3是MPEG AudioLayer3的缩写，这项技术可以将一首CD音乐压缩到只有几个MB的容量，使之能够在互联网上快速复制流传。该技术出现之后迅速流行，许多音乐爱好者将自己的CD音乐转成MP3格式放到互联网上供其他用户自由下载。这就是最早的数字音乐传播活动。在这个时期，网上的数字音乐传播完全处于一种自发、无序的状态，交流的范围仅限于当时数量并不多且追赶时髦的多媒体PC用户，所传播的也都是没有获得授权的盗版音乐。

20世纪90年代中后期，PC机获得大范围普及，MP3音乐的交流共享活动发展迅速。尤其是在P2P（点对点的档案传输软件）技术发明后，使用者只要安装这套软件，就可以通过一个平台，直接连接到另一台也装了软件的电脑上，复制想要的歌曲，音乐在网络中的流通速度和范围都更上了一层楼。虽然这种交流不为版权法所许可，但当时的唱片业尚未意识到其身上蕴含的颠覆性力量，也从未考虑过有朝一日可以通过这种方式来赚钱。所以虽然互联网上的数字音乐交流活动愈来愈兴盛，但相关的约束和管理措施却迟迟没有出台。

（2）在线音乐下载平台出现。

网络音乐传播影响的日益扩大让一些头脑敏锐的人看到了其中蕴藏的巨大商机。90年代后期，专门的音乐下载网站开始如雨后春笋般出现，其中具有代表性的有Napster、MP3.com等。

MP3.com网站于1997年开张，除了提供免费音乐下载和有关MP3发展的各项最新消息，还为具有潜力的音乐家们提供作品发布等服务。在开张第一天，其访问人数就超过了1万。不到一个月，就有许多网络广告商上门寻求合作。投资公司也迅速向其伸出了橄榄枝。MP3.com很快成为在线音乐领域的领军者。

NaPster网站于1999年成立，它建立在由一个19岁的年轻人尚·范宁（shawnFanning）开发的在线音乐交换程序的基础上。NaPster创新了互联网的沟通方式，短短两年间，使用上的便捷性和完全免费的音乐共享体验使NaPster的知名度和影响力迅速扩大，其用户数量呈几何级数增长趋势，2001年初达到了6500万。

在线音乐下载平台的出现为世界各地的乐迷共享音乐提供了极大便利，也预示着数字音乐的发展进入了一个新阶段。在这一阶段，基于互联网的数字音乐传播无论是从规模还是影响力上都获得了很大的发展。但是，这个时候的数字音乐传播仍没有进入收费阶段。各网站多是采用以免费音乐资源聚集受众，进而吸引广告商的方式来赚钱。这跟大多数传统媒体的赢利模式实际上是一样的。基于数字音乐传播特性的商业模式还没有建立起来。

（3）便携式数字播放器诞生。

最初的MP3文件只能由电脑来播放，随着MP3的逐渐流行，随时随地欣赏MP3音乐的需求越来越强烈，一些硬件生产厂商抓住机会推出了可以随身携带的MP3音乐播放器。1998年，韩国世韩（SEAHAN）公司生产出了全球第一台Mp3播放器MP MANMPF-10。当年年底，美国的帝盟（Dialnond）公司推出了该领域中第一款具有影响力的产品——Rio300型MP3播放器。便携式数码音乐播放器为消费者塑造了一种全新数字音乐欣赏体验，上市后很快就获得了消费者和电子消费品生产商的追捧。索尼、三星等一大批知名企业纷纷进入这一生产领域，数字音乐播放器市场一时间群雄并起。2001年，时尚PC厂商苹果公司（Apple）推出了划时代的产品iPod。iPod使用移动硬盘作为存储介质，SGB的容量可放下1000首歌曲。优良的品质和富于创新性的设计让它成为数字音乐播放器领域最杰出的代表。

数字音乐的火爆也激发了手机生产商的灵感。2000年，西门子公司（Siemens）推出首部内置MP3播放器的6688智能型GSM新手机，诺基亚、摩托罗拉等知名移动通信器材生产厂家随后也纷纷推出了自己的音乐手机产品。具有音乐播放功能的手机已经成为移动通信市场上的宠儿，在市场销售中所占的比例越来越高。

便携式数码音乐播放器的意义不仅在于可以让人们方便地聆听数字音乐，更重要的是它促使数字化的音乐走下网络直接进入了我们的生活。手机的普及程度远远高于数字音乐播放器，音乐手机的出现进一步扩展了数字音乐的用户群。这两种产品共同刺激着人们对数字音乐的需求，互联网和无线平台上的音乐下载量与日俱增。

（4）赢利模式探索时期。

全球在数字音乐发展的早期，可行的赢利模式的缺乏使其始终难以驶入大规模商业化发展的轨道。免费几乎成了数字音乐的代名词。这一难题在苹果公司手里得到了解决。

借助影响力巨大的iPod播放器，苹果公司于2003年创立了iTunes在线音乐商店，创造了将播放器和正版音乐"捆绑"销售的数字音乐销售模式。这一模式充分保障了音乐版权所有者的利益，下载一首歌不足1美元的收费也贴合美国消费者的接受能力。因此，iTunes在线音乐商店迅速获得了商业上的成功。iPod+iTunes模式成为数字音乐史上第一个成功的商业模式，它为数字音乐的收费下载提供了一个可操作的样板，让全世界的唱片公司、硬件生产商、网络服务商等看到通过网络销售正版音乐的可行性。接下来的几年里，这一模式在全世界被拷贝，数字音乐由此进入了产业化发展的阶段。如今，国际知名的大唱片公司几乎都建立起了自己的数字音乐网站或是积极参与到了数字音乐产业链中。

现如今，随着人工智能技术的日益成熟，人们对其广泛的应用和发展前景越来越感兴趣。音乐作为一种重要的文化艺术形式，同样也在人工智能技术及算法系统演进的推动下，呈现出前所未有的发展趋势。移动互联网之下催生的数字音乐业态的新特征包括以下几个方面。

（1）即时性。

音响效果是多媒体艺术中数字音乐的现实呈现方式，音响效果的好坏直接决定了数字音乐创作的成败。数字音乐的录入、设置和调试在数字技术的支撑下,音响效果具有了超乎想象的即时性。音响效果的即时性主要体现在三个方面。一是指数字音乐创作时,作者在脑海中出现的灵感,可以通过触摸电脑键盘或是MIDI键盘直接输入电脑软件,即时就可以听到音乐,同时乐谱也能即时呈现出来,便于作者感受和修改。二是指进行数字音乐创作时,作者的创作意图可以通过输入乐谱的形式,把视觉信息转换为听觉信息,并即时听到音响效果。三是指作者对数字音乐作品进行编辑的时候,可以通过软件功能对音乐的音量、声响、混响等进行设置,通过对音乐参数的设置可以即时得到不同的音响效果,便于作者进行调试。

（2）准确性。

数字音乐的再现是指将包括旋律、节奏、节拍、速度、力度、调式、调性、和声、音区、音色、强弱、长短在内的诸多音乐要素通过声音表现出来。在传统音乐中,音乐要素的再现主要是靠演唱者和演奏者根据乐谱和自己对音乐作品的理解进行二度创作来实现的。由于个别差异性和不确定性,音乐作品的本意通常很难按照作者的意图进行准确演绎。而在多媒体艺术作品中,数字音乐要素按照一定的规则和习惯组合为一个整体,并通过数字化的技术手段将音乐各要素进行准确再现,正确地表达音乐创作者的意图,与其他多媒体元素一起,共同体现多媒体艺术作品的思想内容并绽放出独特的艺术魅力。

旋律是塑造音乐形象最主要的手段。旋律中出现的一些装饰音、变化音和表情记号等常用记号是经常容易被忽视的,而这些音乐元素恰恰是作者音乐意图的特点所在。数字技术的机械性,使数字音乐常用记号以及节奏、节拍等方面具有了准确性。同时,音乐作品的快慢和强弱变化对音乐形象的塑造也起着很重要的作用,只有按照规定的速度和力度再现音乐,才能准确地表达出作品所要表现的思想感情。数字音乐中数字技术的运用,使音乐创作中速度和力度的计量单位能精确到很小的位数,并可即时进行调整,一般音乐达不到的效果由于数字技术的运用,使音乐创作者的意图得到了准确的表达。

（3）拓展性。

数字音乐和一般音乐一样,包括音色和音区等元素。音色是不同人声、乐器及组合在音响上的特点,通过音色的对比和变化,可以丰富和加强音乐的表现力。音区体现了音调的高低范围,不同音区的音在表达作品的思想感情时有着不同的特点和功能。传统音乐创作时,要考虑到演唱者和演奏者自身的嗓音条件和演奏水平,因此音区和音色的选择会有所受限。而在多媒体艺术数字音乐创作中,由于数字技术的运用,在音区的拓展、音色的选择、速度的表现上,使一些依靠人的演奏和演唱不可能实现的音乐变成了可能,音区和音色的表现不再是问题。数字音乐制作还可以利用音色包括技术对发音体的参数,通过拉伸、逆行、循环技术、混响、延时、调频、调幅、均衡、放大、缩小等技术手段进行调整,使其在音质、相位、空间布局等方面有所改变,创作出具有原创性音色的音乐,使多媒体作品中数字音乐元素得到广泛的拓展。

(4)便捷性。

数字音乐制作是指运用数字化的手段进行音乐创作和编辑,数字技术的运用使数字音乐制作具备了很强的便捷性。采用数字化的手段进行音乐制作使会操作电脑的人能够实现写作音乐的梦想。各种数字音乐软件的开发,界面越来越人性化,操作越来越简单化,传播也越来越普及化。不同的调式、调性使音乐语言具有了鲜明的风格特点。在数字音乐制作时,只要作品创作初期设置好作品的调式调性,音乐创作过程中的各种素材和循环即自动跟随作品的调式调性,使音乐风格得到了统一。而和声这类专业性很强的音乐专业知识,运用数字技术后,作者只需轻点鼠标,电脑就能快速帮助完成,使原创音乐的实现具备了可能。

多媒体艺术作品中的数字音乐制作,包含了动漫作品以及一些娱乐节目、广告作品经常要使用的音乐。这些多媒体艺术作品中的音乐经常是将素材库里的音乐素材运用数字技术进行简单剪辑后使用,或者使用数字音乐软件自带的一些音乐循环进行组合编辑,从而合成新的原创性音乐。数字音乐制作的便捷为多媒体艺术作品视听效果的结合提供了更多的可能。

多媒体艺术已经被广泛地应用于社会各个方面,多媒体艺术中数字音乐的技术性、即时性、准确性、拓展性、便捷性也逐渐地被人们所认识。我们要对多媒体艺术中的数字音乐进一步深入研究，使多媒体艺术作品在视听结合上实现声色合一。

2. A8新媒体集团有限公司发展基本情况和商业模式

（1）A8新媒体集团有限公司发展基本情况。

A8新媒体集团有限公司在发展过程中，整合了音乐制作、发行、企宣和销售等多个环节，凭借公司在互联网和无线领域的技术、产品、运营、营销和服务等方面的丰富经验，通过一些中文唱片公司，以及多达120000名唱作人，汇集了65000首歌曲，建成全球最大的中文音乐原创社区，打造了一条全新的音乐供应链，从而成为中国数字音乐产业的领军企业。[①]

2001年，在音乐业整体不景气的市场环境下，A8新媒体集团有限公司的A8音乐平台异军突起，在较短的时间内快速成长为中国数字音乐的领军企业，其成功首先得益于对市场敏锐而具有前瞻性的把握。其在国内IT业和音乐市场萎缩的情况下，率先在中国推出手机铃声下载服务，开启手机与音乐互动时代，具有标志性意义；与ChannelV、MTV、百代、华纳、索尼BMG、环球唱片等国内外知名音乐媒体和唱片公司合作，提供无线音乐服务和销售。

随后，伴随音乐产业环境的变化，中国音乐制作和艺人发掘的模式从星探模式阶段进入了网红模式阶段。A8新媒体集团有限公司抓住这个市场契机，推出原创A8Box产品，发起"原创中国音乐基地"工程计划，倡导由用户自主决定音乐风向标，让越来越多的音乐通过用户在互联网平台上自主发起的传播而走红，甚至连用户本身也可以通过各数字音乐平台的"音乐人计划"创作和发布音乐作品，进而打造以音乐创作、音乐制作和发行为核心的原创音乐产业生态圈。与此同时，A8音乐一直关注运营移动音乐业务的市场动向，通过分析客户消费行为，细分客户群，开展数据挖掘，为运营商合作伙伴提供或协助策划有创新价值的解决方案。2009年，A8新媒体集团有限公司推出"音乐云"业务，并将其作为集团的长期战略。通过智能电台、音乐社区、高清音乐下载、跨设

---

① 彭思思、刘红娟：《深圳A8音乐集团发展经验的调研报告》，《深圳蓝皮书：深圳文化发展报告（2014）》，社会科学文献出版社2014年版，第302—313页。

备使用及音乐社区等多渠道的终端产品体验为客户带来音乐无处不在的音乐理念。

近年来，A8新媒体集团有限公司十分重视在版权运营方面的策略，一方面加强在产业链上游的布局，尝试自主产出音乐内容，这有利于在节约版权成本的同时扩大音乐内容库；另一方面联动下游分发渠道，持续开发音乐版权价值并形成音乐IP，并开始深耕泛数字娱乐行业，以优质IP为核心，撬动文学、动漫、影视、游戏等业务产业链的互联互通。其旗下蓝蓝蓝蓝影视传媒（天津）有限公司主要从事编写剧本、销售剧本、将剧本改编及制作为网剧、电视剧、院线电影、网络电影及其销售相关业务。与此同时，A8音乐探索出一条"科技+文化"的发展之路，提供线上线下结合的全媒体音乐体验。据悉，2017年A8新媒体集团有限公司投入1.7亿元，打造目前中国最大的新生代巡回演出品牌——尖叫现场，在全国多个城市举办了80场演唱会，[①]2018年A8主办中国土拨鼠音乐节，都获得行业高度认可。据悉，A8新媒体集团有限公司下一步将聚焦元宇宙、虚拟现实等新业态领域，计划在新媒体技术方向发力，探索制作虚拟现实版现场音乐Live，提升3D音效和VR体验。

（2）A8新媒体集团主要商业模式。

纵观A8新媒体集团有限公司发展的过程，无论是转型前的内容服务提供商还是转型后的数字音乐。我们不难发现，该公司一直在寻求多元化的商业模式，通过不断地改变提供产品或服务的路径、收入模式等方式来寻找新的经济增长点，使得经济效益得到了快速跳跃式的发展。同时，A8音乐平台通过创作、购买或管理的方式获取正版音乐版权内容且形成再分发，为音乐版权在互联网平台上的管理和运作开创了新的模式，并结合自身发展优势，打造了一条以手机为终端的无线音乐盈利模式，解决了困扰传统音乐产业中的盗版猖獗、价值链中断和资金投入难收回等问题，最终构建出全新的商业模式。目前，A8新媒体集团有限公司的音乐板块主营业务模式主要包括以下几个

---

① 电子商务示范企业案例集，商务部网站，http://dzsws.mofcom.gov.cn/anli/detal_7.html，最后访问时间，2021年12月25日。

方面：

1）B2C的商业模式

A8打造成熟的UGC原创音乐互动平台www.A8.com，收集并提供大量正版唱片公司版权音乐及原创歌手的高品质音乐，供广大音乐爱好者进行试听及部分有偿下载，并提供音乐衍生品和衍生服务来实现正版音乐的增值。

2）C2C的商业模式

"音乐商城"这个概念可能并不难理解，但是A8却在自己的平台上实现了这样一个功能，而作为平台的A8音乐网则收取每笔交易百分之八的服务费。在这里，用户可以选择购买下载原创音乐人的个性音乐，原创音乐者之间也可以进行音乐作品的交易，无论是谁，都可以在这个平台上进行自由音乐买卖。

3）B2B的商业模式

A8通过购买国内外知名音乐公司的歌曲版权，为用户提供高品质的正版音乐，也在自己的网站上为这些歌曲及歌手进行推广。同时，A8也与企业进行广告合作等活动，并且会向音乐公司出售签约歌手或自有原创音乐的歌曲版权。

4）C2B的商业模式

任何人可以在音乐平台买歌、卖歌、征歌、合作。此举不仅吸引了很多音乐人前来证明自己，更得到了很多企业的青睐，为企业征歌，为歌手征歌已经成了商城内容的一部分。而同时，A8也会在其中挑选好的原创歌曲进行版权的购买或是将有潜力的原创歌手签约到自己旗下。

长期以来，由于我国数字化产品易于复制、数字版权技术研发与应用不够成熟等问题，导致音乐运营商在网络音乐运营中难以盈利，因此结合自身的主要优势，统筹利用线上线下运营资源，适应网络音乐特点的创新性多元化服务与盈利模式尤其重要。A8具体盈利方式如下：

1）高品质音乐收费

高品质音乐、MV的付费下载，在产业链下游与客户进行交易，在产业链上游与音乐产品提供商、独立音乐人等合作，开展版权音乐与代理经销业务，产生销售收入，合理分账，实现差价利润。

2）广告收入

作为一个广告投放平台，为商家提供植入式广告，收取广告费用。广告费用的多少与广告投放在客户端的位置、时间段、投放时间长短等有关。这是现在大多数网络音乐平台主要的盈利模式。

3）音乐衍生品增值服务收费

针对网络音乐经营中出现的增值服务与个性服务需求，利用线上平台资源与线下相关活动，积极开展线上线下歌手和品牌推广业务、彩铃、铃声等收费增值业务。2004年开始，A8尝试签约歌手，做他们作品的数字渠道代理人，为其投资进行高品质音乐的制作，并在A8网上可以免费播放自己的原创歌曲，然后等到歌曲被大家所认可的时候，用户对这个歌曲产生兴趣并且愿意下载作为手机彩铃时，音乐销售就有了收入，由手机等载体运营公司、A8新媒体集团有限公司和作者三者按约定的比例分成。

4）平台中介交易服务盈收

为上游特约商家、独立音乐人与网络音乐用户网上交易提供中介服务，聚集平台双边资源，提取中介服务费用。

3. 移动互联网之下催生的数字音乐业态的新经验

A8新媒体集团有限公司顺应数字音乐移动化发展的新要求，依托中国发达的电子信息技术、计算机技术、多媒体开发技术、资讯和通讯科技技术，以及数字音乐产品的播放和消费设备制造产业的优势，通过持续的技术创新形成稳定、强大的核心技术优势。充分利用了高端技术带动原创音乐发展，并将数字信息技术与音乐制作结合在一起，提升了文化产业的科技含量，拓展了移动音乐产业的未来发展空间，推动数字音乐产业实现又快又好的发展。其催生了新的生产、传播和消费方式，构建了新的产业群落，培育了新的消费人群和消费习惯，使原有的文化生态格局因此得以彻底改变。[①]

---

① 彭思思、刘红娟：《深圳A8音乐集团发展经验的调研报告》，《深圳蓝皮书：深圳文化发展报告（2014）》，社会科学文献出版社2014年版，第302—313页。

A8新媒体集团有限公司建立了全面的数字音乐平台,包括A8音乐、酷我音乐、酷狗音乐、虾米音乐等,满足用户多样化的音乐需求;推出了数字音乐分发服务,为音乐人及音乐企业提供优质的数字音乐发行服务,为音乐人提供商业运营策略及营销指导,助力音乐人的艺术发展;在数字音乐版权管理方面,通过签订各类协议,实现对音乐作品的版权管理,构建良好的版权环境,保护音乐作品的版权权益;在数字音乐技术研发方面,不断创新,开发出多套数字音乐技术,提供更加丰富的音乐内容,满足用户多样化的需求。

A8新媒体集团有限公司在数字音乐产业方面取得了一系列突破,包括推出了首个以个人为核心的数字音乐服务——A8音乐平台,提供海量正版音乐,实现一站式音乐服务。A8新媒体集团有限公司率先推出A8音乐会员服务,实现以会员服务为核心的订阅模式,提供会员用户更多优惠和折扣,成功开发了A8音乐移动端应用,实现了移动端与PC端的无缝衔接,实现了移动端音乐服务的及时响应和更多的功能。该公司率先推出了多渠道的数字音乐发行模式,实现了多渠道发行的统一管理,使数字音乐发行更加便捷。A8新媒体集团有限公司搭建了全国范围的数字音乐分发网络,实现了数字音乐的快速分发,解决了音乐发行的瓶颈,成功开发了A8音乐社交平台,实现了用户与歌曲之间的互动,提升了用户体验。

在正版音乐版权及音乐内容上,A8新媒体集团有限公司与国际及国内的多家知名唱片公司合作购买了大量的版权音乐资源。与A8拥有深度合作的唱片公司既包括环球、金牌大风等国际知名的品牌唱片公司,又有多家知名国内唱片公司。A8音乐曲库拥有各大唱片公司的海量版权歌曲,更新速度基本涵盖新发行歌曲。如此不断更新的超大音乐库,给正版网络音乐业务提供强大音乐内容的支持,可供众多音乐爱好者试听及下载。

其次,A8音乐网(www.a8.com)是一个目标为聚集优质原创音乐资源的网络平台,为各种原创音乐者提供展示和推广的机会,实现其追求的音乐梦想,力图积极推动中国原创音乐的发展壮大与兴盛繁荣,同时为原创音乐人提供展示和推广的互动平台。这个平台为A8音乐提供新鲜的独有原创内容资源。原创歌手可以在网站上传自己的歌曲供广大用户试听及下载，唱片公司也在网站上为自己的歌手和新曲做网络推广，寻找新歌手或者新歌曲资源，具有良好的音乐天赋者将有机会获得A8或者唱片公司与之签约，通过A8平台展现个人才华。通过这个网络平台，A8集团收集了大量的原创音乐作品，包括流行度很高的《求佛》《我不哭》《怒放的生命》等歌曲。此外为多部影视剧创作、征集片头曲，如《大旗英雄传》《楚留香》等。通过原创音乐平台，已积累了1万多名原创人员的7万多首曲，通过互联网的方式去出版、发行和直接到达消费者。A8音乐集团推出了"音乐云"业务，并将其作为集团的长期战略。希望通过音乐云的服务直接到达消费者，从而实现集团面向最终用户提供服务、占领桌面、拥有客户的最终目标。

A8新媒体集团有限公司抓住数字产业新机遇，建立独立品牌音乐网站A8音乐，提供数字音乐流媒体、数字音乐下载服务、数字音乐社交平台服务、全球音乐推广服务、音乐分发服务、音乐版权管理服务、音乐内容分发和技术服务、音乐营销技术服务、智能音乐产品服务等。该公司合作伙伴涵盖流媒体平台、全球音乐发行、版权管理等，与中国移动、腾讯、网易等互联网企业建立合作，为音乐产业发展提供有力支持。

4. 中国数字音乐产业的机遇与挑战

深度学习技术是音乐演绎的常用技术之一，其基本原理是通过数据模型和神经网络来对音乐进行分析和处理。用这种技术打造的深度学习算法可用于创造新的音乐创作风格和类型。

在这个技术方向中，人工智能技术被用来模拟虚拟音乐家的创作过程和风格。通过智能算法和机器学习技术，模拟出各种类型和风格的音乐作品。这种技术的实现方式包括数据挖掘、生成模型和深度学习等技术手段。

其中比较著名的例子之一是"Deep Bach"，它是由哈佛大学的研究人员开发的一个计算机程序，能够通过"学习"巴赫音乐作品，自主创作出符合巴赫风格的新作品。通过使用人工智能技术，这种程序能够像真正的巴赫一样创作出古典音乐作品，引起了广泛的关注。

另外，创新生成技术方向是指利用人工智能技术生成新的音乐作品。这种技术使用的基本原理是通过机器学习算法和自动化创作工具来产生独特、原创的音乐作品。在这种技术方向中，人们借助计算机程序和智能算法来生成符合特定风格和类型的音乐作品。

复制扩展技术方向是指利用人工智能技术复制已有的音乐作品，并在此基础上进行扩展、变换等创新。这种技术使用的基本原理是通过机器学习算法和自动化工具，对已有的音乐进行分析、提取关键元素，再根据用户需求自动生成变换后的音乐作品。

随着人工智能技术的不断发展，音乐界将会经历更多的变革和创新。中国数字音乐产业面临新的机遇与挑战。既关注传统音乐文化的传承和发展，又重视人工智能技术给音乐产业带来的增量，成为互补、融合、发展的动力源泉。

无线音乐业务自2003年在中国开展以来，短时间内市场规模快速扩大，各个门户网站及电信运营商都参与其中。中国数量庞大的手机用户用无数次小额支付的2元人民币，让音乐的消费者从之前几百万位购买唱片的核心消费人群，扩展到了数以亿计的购买数字音乐片段的移动人群，大大拓宽了音乐产品的销售面。2004年，一首《老鼠爱大米》曾创下单月下载量600万次的纪录，一个月1200万元的收入，相当于传统唱片70万张的销量收入。

中国数字音乐产业的发展可以追溯到20世纪90年代中期，当时经济全球化进程的加快促进了数字音乐产业的发展。1996年，创建于中国的"科林音乐"开始运营，其后逐渐发展为中国网络音乐行业的急先锋。自2000年以来，数字音乐产业发展迅速，中国网络音乐公司不断涌现，其中包括在线音乐公司"酷我音乐""虾米音乐""百度音乐""QQ音乐""网易云音乐"等。同时，一系列数字音乐产业相关的产业，包括音乐制作、发行、销售、展示等方兴未艾。

无线音乐的成功运作使唱片公司、网络运营商、硬件生产厂家等看到了数字音乐领域潜藏着的巨大商机。为了抢占产业制高点，大批雄心勃勃的企业开始向在线音乐市场进军。所以说，在我国其实是无线音乐的迅猛发展反过来促进了互联网音乐的成长。或者说，是无线音乐真正推开了中国数字音乐产业的大门。

中国数字音乐产业在政策支持、科技驱动和市场潜力等方面具有优势，迎来崭新机遇。

首先，从政策支持方面，政府推出了一系列政策支持数字音乐产业，并为中国数字音乐产业提供资金支持，促进产业发展；投入大量资金支持科研，帮助数字音乐产业科技水平的提升；开展人才培养和培训，培养更多专业的音乐人才；支持数字音乐产业产品的市场开发，促进产业发展；政府出台各种法律法规，保护中国数字音乐产业的合法权益。

其次，科技驱动方面，科技资源和研发团队为数字音乐产业的发展提供了强劲的科技动力，为企业提供了技术支持。

例如，数字音频技术将传统的音频格式转换为数字音频格式，从而支持数字音乐在各种播放设备上的播放；音频编辑技术用于制作、编辑和处理数字音乐，从而提高数字音乐的音质和质量；音乐授权技术用于对数字音乐进行版权保护，以确保音乐人的版权利益得到有效保护。

最后，市场潜力方面，众多的知名企业、金融机构和投资机构，为数字音乐产业提供了良好的发展机遇。对消费者的需求，不断推出新的技术产品和音乐服务，为消费者提供优质的数字音乐产品。人才、资金、技术等可以为数字音乐产业提供强有力的支持，促进数字音乐产业的发展。

尽管如此，中国的数字音乐产业仍面临新的挑战：数字音乐产业技术更新换代快，企业要求必须跟上最新的技术趋势，以保持市场竞争力；数字音乐产业的发展需要遵守有关的法律法规，企业需要掌握各种法律法规，以免违反相关法律法规；数字音乐产业市场竞争激烈，企业需要不断创新，积极开拓市场，以获得更多的市场份额。

我国数字音乐产业市场的健康运行，离不开版权保护体系的完善。各企业纷纷采取多种途径，通过与唱片公司合作、与歌手签约、与词曲作者洽谈等方式，将自己从服务提供商的身份华丽地转型成产业链的上游——内容提供商，特别是与唱片商的合作，使数字音乐下载服务呈现出逐渐规范化的趋势。因此，尽管免费下载这种情况短时间内难以完全根除，但付费下载正版音乐必将是未来数字音乐市场稳步发展最重要的保障和基础。

从法律环境上来看，我国政府越来越重视对音乐版权的保护，并加大了打击盗版的力度，以期保护正版音乐所享有的合法权益。在政策的严控下，数字音乐过去盗版泛滥的现象得到了有效改善，为此后健康、规模化的商业发展打下了坚实基础。

第三节　中国云计算背景下AR直播产业新业态

一、中国云计算背景下AR直播产业新业态发展基本情况

艾媒咨询《2022年中国跨境直播电商产业趋势研究报告》数据显示，2021年中国在线直播用户规模突破6亿人次，预计2022年将达到6.6亿人次。2022年被称为是中国跨境直播电商的元年，预计市场规模将破千亿元，同比增长率高达210%。[①]目前，中国政府把AR直播产业新业态列入《中国新一代信息技术产业发展规划（2016—2020）》，作为中国信息技术发展的重点领域。近年来，中国积极鼓励企业投资云计算领域，加速推动国际组织和其他机构在中国开展相关业务，云计算的发展及应用取得显著成效。据行业协会统计，中国云计算产业规模超过了800亿元，拥有约700家云计算企业。[②]与此同时，中国正加速布局虚拟现实产业，正在起草《中国促进虚拟现实技术创新与产业应用行动计划》，进一步支持VR产业发展。

据悉，当前中国的VR/AR硬件以企业为主，软件内容制作企业较少。从总体产业结构来看，中国VR/AR产业链呈金字塔结构，以硬件（VR头盔、AR眼镜）为基础，以第三方组件、行业解决方案、线下体验店、应用商店等为产业基

---

①　《2022—2023年中国直播电商行业：直播电商行业的投资已向全产业链蔓延，推动直播电商各环节的优化》，艾媒网，https://www.iimedia.cn/c1020/91650.html，最后访问日期：2023年3月12日。

②　《未来最智能城市深圳：云计算规模已超800亿元》，腾讯网，https://new.qq.com/rain/a/20221203A015LG00，最后访问日期：2022年12月3日。

础架构，究其原因，主要有以下两点：一方面，目前VR/AR产业还处于初级阶段，必然是以硬件为主导进行产业普及，为数字内容、应用的发展奠定基础；另一方面，被誉为"硬件创业天堂"的中国有着齐全的周边配套产业链，中国VR/AR企业在硬件上拥有优势，基本上所有VR/AR硬件创业需要解决的"硬"问题在这里可以都快速地获得系统的解决方案，这也是中国VR/AR硬件产业发展如此迅猛的重要原因之一。

同时，中国的VR/AR硬件品牌企业有两类分支，一类是具备VR/AR核心技术创业公司和涉足VR/AR大型企业，如研发亚洲首款"沉浸式虚拟现实头盔"的3glasses、拥有芯片技术及强大终端研发制造能力的华为、全国率先将AR智能眼镜应用于工业和培训领域的技术创新企业中国青橙视界等，它们在VR/AR的优势除了品牌和用户外，最重要的是技术和供应链多年的积累，从而能够迅速把握市场机会。

另一类中国的VR/AR硬件企业代表是中小型公司，中小型公司大多有开发手机、平板等硬件研发经验，敢于突破。作为在历次消费电子的品类迭代中嗅觉最敏锐的企业，他们将资源集中于研发VR硬件产业中商业化较为为成熟的品类——移动端VR产品，从而有效推动了中国移动端VR产品市场的爆发式增长。据中国相关部门负责人称，"未来，中国将从基础建设、应用拓展、产业生态三方面全面发力，推动AR产业再上一个台阶"。

二、元宇宙背景下的AR直播产业发展

1. 多点开花，发挥 AR 技术优势，广泛落地于多种场景

智能终端产业集群方面，围绕智能手机、个人电脑、VR/AR、智能可穿戴设备、智能车机、智能家电等智能终端产品，打造从关键核心元器件到高端整机品牌的完整产业链，加快应用软件、核心器件等关键技术突破，推动智能终端产业集聚发展，打造全球手机及新型智能终端产业高地。目前，AR传播产业主要的应用领域广泛，主要包括以下几个领域。

（1）AR直播用于视频营销，通过将AR产品可视化嵌入电子商务平台，为品

牌和零售商提供个性化客户购物体验。该系统使用AR和人脸跟踪技术，可以在面部增加一些虚拟物体，提高了视频对话的趣味性。多家智能家居企业利用AR技术，为用户提供了智能家居的虚拟装修服务，可以帮助用户在家中虚拟体验家具的摆放，以及家居装饰的效果。

（2）AR直播用于电视转播领域。通过AR可以在转播体育比赛的时候实时地将辅助信息添加到画面中，使得观众可以得到更多的信息。中兴通讯与新华社共同推出5G全息AR直播，通过5G+AR全链条直播报道，以5G网络实时传输，画面流畅不卡顿，这与中兴在5G领域的潜心研发和国社抢前抓早部署5G技术的战略分不开。据了解，现场新闻将逐步开启5G手机全链条直播，即用户通过手机端便可观看由5G手机发起的现场直播的高清报道。另外，新华社也正在中国建设全球首个智能化编辑部，为观众带来更优的5G观看体验。

（3）AR直播用于教育领域。将文本、图形、视频和音频叠加到学生的现实教室环境中，当使用AR设备扫描时，以多媒体的格式呈现学习资料。例如，在科技馆，天文星座在太阳系中以三维方式展现，与孩子们实时互动，孩子们可以实时浏览科学书籍插图等信息。《活起来的科学童喜乐AR／VR魔幻互动百科》系列图书等，内容涉及动植物、自然、海洋、地理、太空、建筑和交通等孩子们感兴趣的科普主题，结合领先的AR、VR技术，以儿童心智启迪与互动教学为起点，多元开发儿童科学阅读，让孩子通过翻页、点触、寻找和揭秘的玩耍过程来学习知识，使他们展开想象，萌生对科学的兴趣。

（4）AR直播用于游戏领域。在游戏行业，增强现实使得游戏玩家在现实世界的环境中可以体验数字游戏，AR虚拟协同作战、室内环境游戏等都不同程度地运用了AR直播技术。AR+游戏可以让现实中的玩家与虚拟角色互动及游戏，通过游戏元素的叠加及增强现实中的场景，使现实世界中的同一区域玩家得到充分的乐趣。

（5）AR直播用于城市建设规划。深圳罗湖区5G+AR智慧公园——笋岗立交社区公园是罗湖区首批5G智慧公园，引入5G+AR设备，打造精细化、智能化、人性化的5G智慧公园，使原本鲜有人至的桥下空间焕发新生。在5G+AR游戏互动大屏前，游客畅玩"切水果"游戏，与互动投影进行虚实交互的友谊足球赛，将手机放上5G智慧座椅，当场实现无线充电。

（6）AR直播用于科普。VR军事主题体验馆助力国防教育，VR军事竞技不仅能运用在军工行业、军事训练中，也可以作为线下科普体验推向群众，向大众普及作战、防御、武器、历史、大国军事及国防的重要性。对于军事迷、武器迷，以及一般大众来说，第一主角、全景视野，极度逼真且场面壮观宏大的VR军事体验有巨大的吸引力。VR军事体验馆让青少年及普通民众能近距离接触现代军事科学技术和先进武器装备，打破了传统的军事模型展示只能静态观赏、不许触摸的呆板方式，以沉浸式互动体验，使游客身临其境地体验军事活动的惊险与刺激，同时又能在游乐中潜移默化地了解我国尖端装备的科技知识，激发民众爱国主义热情，达到寓教于乐的目的。通过VR两栖装甲运兵车、VR两栖装甲车、VR主战坦克等，中国国防教育瞄准我军最先进的陆、海、空、天武器装备，建造独一无二的全比例、大比例军事主题VR体验装备。

另外，增强现实直播技术在室内设计、房产开发、工业仿真、文物古迹、虚拟社区和道路桥梁领域中，都有巨大的开发空间。

2. 发挥硬件优势，建立 AR 设备完善的供应链体系

丰富的硬件资源为AR行业提供全方位的硬件供应链体系。硬件的研发和设计能力为AR行业提供更多的硬件解决方案。智能制造能力保障硬件供应。

在供应链方面，电子核心供应链企业给VR音频和视觉提供技术支撑。此外，VR一体机的供应链90%以上是与手机及平板电脑高度重合，这也就意味着中国的电子供应链可以迅速转型为VR提供支持。

如果说完善的供应链是催化剂，广泛而独家的销售渠道则成为了VR/AR企业的独门优势之一。完善的供应链、方案商和较高工艺技术的制造工厂、广泛的销售渠道等带来了大量的出货。在虚拟现实内容产出方面，虽然现在还略显单薄，但在动漫、游戏、新媒体、影视制作、创意设计和工业设计等领域，内容创意生产制作方也在崛起，这也将为中国VR内容产业发展提供良好的基础。

三、中国AR直播新业态典型案例——以云计算下的中兴通讯AR商业模式为例

1. 中兴通讯云计算背景下 AR 直播产业情况概述

中兴通讯积极开展5G、AR核心技术以及行业应用方面的深入研究,通过与中国移动研究院紧密合作,推动运营商在5G+AR的行业实践建设。

虚拟现实(VR)与增强现实(AR)作为一种新的仿真与互动技术,已成为学术界及产业界的关注热点,同时也在改变着人们的生活,并且这种改变正不断地深入与扩大。移动VR/AR技术是VR/AR的一个分支,目前主要有传统移动VR/AR技术和基于移动终端的移动VR/AR技术两种。

同时,AR技术在智能制造、教育、旅游、文娱、金融等领域拥有巨大应用前景,2019年,AR及其云服务和能力融合构架进入百舸争流的快速发展阶段,同时5G时代的到来和商用化部署的加速,也催化了数字信息流转以及物联规模的发展,为物理和数字世界的融合、以视觉为基础的人物交互机制(Human Things Interaction, HTI)实现,开辟了高速公路。

中兴通讯于2021年发布中兴开物AR点云数字孪生平台产品。该平台基于全自研点云核心算法,支持多种类型的相机建图生成高精度点云地图,快速形成计算机视觉的现实世界孪生底图;通过在线编辑、远程编辑能力,支持AR模型的可视化部署;通过高效的实时渲染能力,保障AR模型的呈现。同时该平台还具有统一的中心管理平台,支持多种格式的内容,开放的API接口等优势,适配多行业统一平台架构。

2019MWC上海展期间,中兴通讯作为联合主编单位支持中国移动研究院发布《5G云AR应用创新研究报告》,构建了中国移动研究院与中兴通讯5G云XR技术联合实验室。此次再联合中国移动研究院发布《AR边缘云白皮书技术概览》,对AR云的功能与技术架构、核心技术及实现路径、AR云发展趋势进行系统阐述,厘清了AR云发展中需要快速解决的核心技术问题。结合对行业的分析和探索,技术概览给出了当前5G+AR云三个核心技术路径:低延时编码、

5G确定性网络、一致性能力集成接口，为引领5G和MEC、AR平台、应用开发工具、芯片、终端等产业链生态发展和繁荣提供了指引。

2019年4月17日，5G云XR亚洲峰会期间，中兴通讯联合上海视天科技发布了业界首个5G手机+轻量化AR眼镜+AR云平台解决方案，并在现场演示了基于AR的视频业务。

中兴通讯一直高度重视5G关键技术和产品的研发。在无线网络方面，提供超过4G峰值速率10倍带宽、毫秒级的时延和千亿连接的优质网络；在终端方面，贡献广泛用于工业和民用多个领域的模组、室内外CPE等系列化的5G终端产品。在垂直行业应用方面，中兴通讯也一直致力于将5G、AR/VR、大数据、人工智能、物联网等关键技术融入垂直行业数字化转型中，携手运营商和合作伙伴在智能制造、车联网、新媒体、智能电网、综合应急、智慧港口、智慧机场、智慧环保、智慧旅游、智慧医疗等应用领域积极探索。

2. 中兴通讯云计算背景下AR直播产业商业模式分析

2016年被公认为是XR技术元年，其中，AR技术发展势头最猛。5G作为通讯赋能行业的一项重要技术，为AR云的部署，不但带来了充裕的上下行流量通道，其超低的空口延时和MEC也提供了安全灵活的数据传输和组网能力；边缘计算的产业模式必将使AR从垂直领域信息辅助，向知识和信息汇集呈现和新一代物联网的入口发展，其垂直领域的数据接口和数据转换，以及数据可视化呈现的创新方式将为AR应用的繁荣和普及范围扩大带来更加广阔的前景。5G为核心和入口的庞大设备群落，也为AR服务的受众覆盖和效益辐射提供了不可比拟的广阔空间。从硬件上看，AR技术路线可以分为轻量级AR、中量级AR和重量级AR。中兴通讯云计算及AR传播业务也同步研发以下三种不同阶段、面向不同用户的AR解决方案。

（1）轻量级AR——简单地进行提示，诞生了单眼式AR眼镜和以平板手机为显示的AR终端，以谷歌的第一代AR眼镜为主流代表。5G手机+轻量化AR眼镜+AR云平台解决方案是中兴通讯5G垂直行业解决方案ZTE uSmartIN的重要组成部分。5G高带宽低延时的特性、ZTE uSmartIN提供的超强超智能边缘处理能力,以及5G手机的加持,使得AR眼镜轻量化、低成本化都成为现实,大幅提升眼镜佩戴舒适度的同时,丝毫不影响AR体验的视觉冲击力。该方案可广泛应用于多种行业场景中。如,在AR智能制造场景中,实现实时标注和专家指导,提升工作效率;在AR安防,实现实时人脸识别、车牌识别和人流统计等;在AR教育领域,解决昂贵危险实验的教学难题;在AR旅游,实现身临其境的智慧导游;以及在AR电力巡检、AR远程专家诊疗、AR直播移动观影等多种应用场景中发挥作用。

（2）中量AR——全面地混合现实,诞生了双眼式AR眼镜,以微软眼镜、爱普生的新一代AR眼镜为主流代表。

目前的AR设备普遍存在过大、过重的问题,不仅带来很多体验上的限制,而且在具体场景应用层面也带来一定的限制。5G的到来,"高速率、大带宽"的特性能让AR设备通过云端运算释放设备本地计算的压力,也能让AR设备的电池续航能力更强。中兴通讯在MWC2019上发布的年度旗舰中兴天机Axon 10 Pro 5G版,实现了5G全频段覆盖,支持Sub 6G频段,实现了数倍于4G的超高速体验,其低延迟、高响应的特点,将成为缔造AI智联万物的时代开端。展示使用的AR眼镜是上海视天科技最新发布的分体式产品,重量只有90克,双目显示,分辨率1920×1080×2,视场角55度,支持SLAM。

同时,中兴首款5G手机中兴天机Axon 10 Pro 5G版已经能够与多款VR,AR设备相连接,为用户提供丰富多彩的内容。5G网络和终端创新技术将进一步有效地改善AR设备体积、重量的问题,而且还能让AR眼镜的产品形态有更大的发挥空间,从多维度提升AR设备的产品体验。

（3）重量级AR——将真实环境渲染成虚拟场景,以HTC Vive和The Void为代表,建立了体验中心并带动了VR眼镜的发展。

HTC Vive是一款虚拟现实头盔,它采用了双摄像头的技术,可以让用户在虚拟现实中体验360度的全景视野。它还配备了一对控制手柄,可以让用户在游戏中实现丰富的操作。The Void提供了一种全新的虚拟现实体验,称为"实体虚拟现实"。它的体验是通过将物理环境和虚拟现实结合在一起来实现的,用户可以在实体环境中进行游戏，并且可以使用特殊的控制手柄来操作。此外，它还支持多种设备。

目前，中兴通讯试水深度AR领域，让人机交互从过去的界面交互发展成为空间交互，而且在交互的内容层面上，也从过去的2D转变为3D。优质内容的巨大带宽需求以及丰富的应用场景，都对网络提出了新的需求，如网络流量以及低延迟体验。在AR的发展过程中，5G的优势如更高的容量、更低的延迟和更好的网络均匀性则成为关键力量。[①]

未来，AR有潜力成为下一个计算平台，该技术的出现不仅给人带来新的方式去感知、认识三维世界，也改变、拓宽了通讯设备的应用场景。随着5G的到来将加速人工智能，助推智能制造，构建智能社会。而AR将成为智能社会里非常重要的终端设备，并深入广泛应用到工业、医疗、教育、文娱等各行业。以工业4.0为例，AR能在装配、维修、培训等各方面提升生产效率以及生产力，而事实上AR已经成为智能制造的重要助推力之一。

此外，通讯设备的更新与升级离不开网络的升级，而通讯设备也能推动网络的实施与落地，两者相辅相成，相互助力。中兴通讯2022年为东方卫视中华文明探源系列报道大型直播节目提供全程XR技术支持，成功助力《长三角探源》和《最早的中国·文明探源看东方》完成了首次轻量化AR现场直播。通过数字化、立体化呈现出中华文明在长三角等地区的起源和形成过程，带领观众跨越数千年的历史，感受中华文明之美。

中兴通讯与珑璟光电在5G+AR领域展开深度合作，是基于双方对5G+AR前景的认可，5G将有力地促进AR的商业化以及行业应用落地。中兴通讯一直致力于5G的研发，旨在创造新的价值和意义，而5G+AR的结合将赋能企业，也是AR实现商业化的关键。珑璟光电作为国内率先实现阵列光波导量产、批量出货，且同时具有光栅波导研发能力的公司，将持续加大其在AR光学引擎的投入，全方位进一步提升自身的研发实力和产业化能力，让更多AR厂商以更

---

① 资料来源：中兴通讯官方网站https://www.zte.com.cn/china/

优的成本享受更高质的光学产品服务,从而加速开拓AR市场,推动AR产业的发展。

3. 中兴通讯云计算背景下 AR 直播产业的机遇与挑战

中兴通讯2003年起开始云计算模式的研究和探讨,加强云计算的关键技术、架构设计和商业模式研究。中兴通讯云计算方案以CoCloud云操作系统为核心,涵盖IT资源平台、计算虚拟化平台、存储虚拟化平台、云运营管理平台、云安全平台、丰富多彩的云应用等多个部分,覆盖传统的电信行业,并在AR直播等领域深入涉足政府和企业网等企业级市场。

中兴通讯云计算下的AR直播体系,采用开放的系统架构,支持多种操作系统、虚拟化技术和网络架构,以满足不同用户的需求,通过身份认证、数据加密、网络安全等技术保障数据安全,根据用户的需求快速扩展计算能力,提供视频和图像识别、智能分析、人脸识别等技术,建构AR直播体系。

中兴通讯云计算背景下AR直播业务在智能制造、原研创新、崭新生态等方面临新机遇。

(1)消费市场起步,挺进智能制造领域

2021年6月,中兴通讯与中国电信签署《云网核心能力战略合作协议》,在云和云网操作系统、网络信息安全和业务创新领域开展深度合作。另外,中国联通秉承"新网络、新服务、新生态"的理念,联合中兴通讯在充分分析新兴业务场景需求、网络体系架构演进以及技术发展趋势的基础上,首次提出边缘网络的概念,阐述了边缘网络的总体架构、新技术发展方向以及商业模式构想,并发布《中国联通CUBE-NET2.0+:边缘网络演进白皮书》。

云计算基础下的AR直播最早在消费市场的发力并未获得良好的回应,转向行业市场并在工业领域应用取得了一定进展。VR一直面向消费市场,以游戏体验等为主。在智能制造领域,AR/VR技术应用已被人们广泛接受,头部企业试点案例已经涌现。

这一市场增长得益于AR技术在各行各业企业应用中的普及,包括培训、物流、装配、维护和修理、产品设计等。增强现实(AR)技术的应用预计在未来几十年内蓬勃发展。在AR/VR技术应用方面，工业部门处于引领地位，包括制造、工程设计、电子产品、汽车、航空航天以及其他涉及重型物理组件的垂直行业。

（2）创新能力增强，原研创新企业引领

云计算基础下的AR直播基于三层架构，提供大规模复杂连接、高通量接入与交换、不同业务场景的差异化分布；支持网络与算力融合、自动化闭环、能力开放等功能，达到"智能、极简、开放"的目标。云计算的演进发展，能够满足全息通话对大带宽、低时延的网络要求，实现AR直播随时随地、实时高效的全息交互。

AR技术的发展，使得AR直播具有更多的特色，能够更好地吸引观众，增加观众的参与度，从而为直播行业带来更多的收益。产自中国的低端VR盒子，成本最低的也就是几块钱。在低价战略如火如荼的同时，30元的单价也刺激着更多的消费者购买。

VR一体机由于需要将显示、计算、存储、电源等功能性模块全部集成到头戴显示设备中，随着高通、瑞芯微、全志等芯片推出各自的VR一体机芯片方案，再加上中国上百家方案商的技术积累，为AR发展提供技术保障。而软件系统方面，有Niniru、焰火工坊、3DVstar等提供专门VR系统。再加上中国完善的代工及销售网络，众多手机、平板厂家纷纷开始转型VR一体机，出货量快速增长。

（3）头部企业探索"新网络、新服务、新生态"

随着边缘计算、5G、IoT、工业互联等新型业务场景迅猛发展，传统网络架构面临流量绕行、时延大、管道刚性等困难。中兴通讯与中国电信、中国联通等头部企业合作，在云计算基础架构下探索AR直播的"新网络、新服务、新生态"。

在云计算基础下的AR全息通话，采用实时容积摄影技术，配合AR眼镜，进行半身像的全息会议和远程协作，实现"面对面"的全息通话。不同空间的体验者不仅能够实时见面和交流，还可以通过手柄在虚拟空间进行协作式交互。全息通话过程中，一方用户处于5G网络，另一方用户处于固定网络，双方通过统一云化基础设施，实现业务无感知接入并在边缘网络融合，获得高速率、低时延的交互业务体验。在云计算基础下AR直播的"新网络、新服务、新生态"，有助于边缘网络应用的场景拓展和商业模式探索。

云计算兴起背景下AR直播业务在智能制造、原研创新、崭新生态等方面面临以下挑战。

首先，延迟问题、网络环境问题等技术瓶颈亟待突破。延迟问题方面，云计算背景下的AR直播技术传输和渲染的数据量很大，这将会引起比传统直播更大的延迟，从而影响到用户的体验；网络环境方面，网络环境的不稳定会对AR直播的体验产生很大的影响，用户在观看AR直播时可能会遇到卡顿、抖动等问题。

其次，低价产品占领市场，让早期VR硬件的体验和品质变得非常良莠不齐。这在3galsses等企业看来，对于VR这种尚未发展成熟的行业，山寨产品带给消费者这种低劣的体验，好比白纸上被先泼上墨，会对行业造成沉重的打击。也有人认为：大厂家发布的VR一体机厂商，虽均配备了明星芯片、OLED屏、高性能CPU，但真正能够实现规模量产发货的寥寥无几。因此就目前而言，中国这些中小山寨厂商才是真正在改变和推动VR设备早期普及的力量。随着产业的发展、硬件的标准逐渐成形，此类企业如不能尽快实现转型，终究会因缺乏核心技术和创新力量而被淘汰。

最后，竞争激烈导致成本上升。当前，AR直播行业竞争激烈，使得企业在市场营销、视频内容、用户体验等方面都面临着挑战，企业需要更多的创新，才能在激烈的竞争中脱颖而出。AR直播技术相对来说成本比较高，需要更多的硬件和软件资源，从而增加了使用成本，影响了应用场景拓展。AR行业的无序竞争，使得AR直播的成本提升，也使得直播行业的研发投入和创新能力受到了一定的影响。

在数字经济时代，私域流量的变现成为企业实现可持续盈利的关键一环。不同于过去对于公域流量的依赖，私域流量变现不仅关乎商业模式的创新，更涉及用户关系的深度建设和价值提供。

私域流量变现的方式主要通过个性化产品与服务、会员制度与付费服务、数据商业化、社群营销与品牌合作等方式。

第一，个性化产品与服务。通过深度挖掘用户数据，企业可以为用户提供更加个性化的产品和服务。这不仅包括产品的个性化定制，还包括提供个性化的购物体验、定制化的服务等。通过满足用户个性化需求，提高用户的满意度和忠诚度，进而促进消费行为。

第二，会员制度与付费服务。建立会员制度，通过提供独家权益、折扣和高级服务吸引用户成为付费会员。这种方式既能够增加收入，同时也能够加强用户黏性。企业可以推出不同档次的会员服务，满足不同用户的需求。

第三，数据商业化。将积累的用户数据进行分析和挖掘，将数据转化为商业价值。可以通过出售匿名化的数据、提供数据分析服务等方式变现。然而，在进行数据商业化的同时，务必保护用户隐私，符合相关法规。

第四，社群营销与品牌合作。通过打造活跃的用户社群，企业可以实现社群内的精准营销。同时，与其他品牌进行合作，共同推出限量版产品、联名款等，实现双方的共赢。社群营销和品牌合作不仅能够为企业带来直接的收益，还有助于提高品牌曝光度和影响力。

随着数据隐私法规的加强，企业在进行私域流量变现时需要极为重视用户数据的安全和合规性。建立健全的隐私保护政策、进行安全的数据存储和传输，以确保用户数据的安全性和合法性。在推出会员制度和付费服务时，企业需面对用户是否愿意付费的问题。为此，可以通过提供更具吸引力的会员权益、优化服务体验、推出限时优惠等方式，激发用户的付费意愿。另外，社群运营是私域流量变现中的一项重要策略，但其运营成本较高。解决方案包括建立自动化的社群管理工具，提高运营效率；通过社群活动吸引用户，降低社群维护的成本。

网易云音乐通过推出会员付费服务，为用户提供高品质音乐、独家活动和个性化推荐。这一模式帮助网易云音乐成功实现了从免费用户到付费会员的转变,成为盈利的典范;小红书通过社群运营,建立了一个以用户为中心的社交电商平台。用户在平台上分享购物心得,形成社区信任,进而促使购物决策。小红书通过引入品牌合作和推动社群电商成功实现了私域流量的变现。

私域流量的变现并非一蹴而就,而是需要企业在深度了解用户、保护用户隐私的同时,不断创新商业模式,提升用户价值。通过个性化服务、会员制度、数据商业化等手段,企业可以在私域流量中找到盈利的机会,实现可持续的商业发展。在这一过程中,不仅需要关注商业利润,更需要关心用户体验,将智慧与用户价值有机结合,方能实现私域流量变现的最大化效益。

附录一

《数字中国建设整体布局规划》

中共中央、国务院2023年印发了《数字中国建设整体布局规划》（以下简称《规划》）。

《规划》指出，建设数字中国是数字时代推进中国式现代化的重要引擎，是构筑国家竞争新优势的有力支撑。加快数字中国建设，对全面建设社会主义现代化国家、全面推进中华民族伟大复兴具有重要意义和深远影响。

《规划》强调，要坚持以习近平新时代中国特色社会主义思想特别是习近平总书记关于网络强国的重要思想为指导，深入贯彻党的二十大精神，坚持稳中求进工作总基调，完整、准确、全面贯彻新发展理念，加快构建新发展格局，着力推动高质量发展，统筹发展和安全，强化系统观念和底线思维，加强整体布局，按照夯实基础、赋能全局、强化能力、优化环境的战略路径，全面提升数字中国建设的整体性、系统性、协同性，促进数字经济和实体经济深度融合，以数字化驱动生产生活和治理方式变革，为以中国式现代化全面推进中华民族伟大复兴注入强大动力。

《规划》提出，到2025年，基本形成横向打通、纵向贯通、协调有力的一体化推进格局，数字中国建设取得重要进展。数字基础设施高效联通，数据资源规模和质量加快提升，数据要素价值有效释放，数字经济发展质量效益大幅增强，政务数字化智能化水平明显提升，数字文化建设跃上新台阶，数字社会精准化普惠化便捷化取得显著成效，数字生态文明建设取得积极进展，数字技术创新实现重大突破,应用创新全球领先,数字安全保障能力全面提升,数字治理体系更加完善,数字领域国际合作打开新局面。到2035年,数字化发展水平进入世界前列,数字中国建设取得重大成就。数字中国建设体系化布局更加科学完备,经济、政治、文化、社会、生态文明建设各领域数字化发展更加协调充分,有力支撑全面建设社会主义现代化国家。

《规划》明确,数字中国建设按照"2522"的整体框架进行布局,即夯实数字基础设施和数据资源体系"两大基础",推进数字技术与经济、政治、文化、社会、生态文明建设"五位一体"深度融合,强化数字技术创新体系和数字安全屏障"两大能力",优化数字化发展国内国际"两个环境"。

《规划》指出,要夯实数字中国建设基础。一是打通数字基础设施大动脉。加快5G网络与千兆光网协同建设,深入推进IPv6规模部署和应用,推进移动物联网全面发展,大力推进北斗规模应用。系统优化算力基础设施布局,促进东西部算力高效互补和协同联动,引导通用数据中心、超算中心、智能计算中心、边缘数据中心等合理梯次布局。整体提升应用基础设施水平,加强传统基础设施数字化、智能化改造。二是畅通数据资源大循环。构建国家数据管理体制机制,健全各级数据统筹管理机构。推动公共数据汇聚利用,建设公共卫生、科技、教育等重要领域国家数据资源库。释放商业数据价值潜能,加快建立数据产权制度,开展数据资产计价研究,建立数据要素按价值贡献参与分配机制。

《规划》指出,要全面赋能经济社会发展。一是做强做优做大数字经济。培育壮大数字经济核心产业,研究制定推动数字产业高质量发展的措施,打造具有国际竞争力的数字产业集群。推动数字技术和实体经济深度融合,在农业、工业、金融、教育、医疗、交通、能源等重点领域,加快数字技术创新应用。支持数字企业发展壮大,健全大中小企业融通创新工作机制,发挥"绿灯"投资案例引导作用,推动平台企业规范健康发展。二是发展高效协同的数字政务。加快制度规则创新,完善与数字政务建设相适应的规章制度。强化数字化能力建设,促进信息系统网络互联互通、数据按需共享、业务高效协同。提升数字化服务水平，加快推进"一件事一次办"，推进线上线下融合，加强和规范政务移动互联网应用程序管理。三是打造自信繁荣的数字文化。大力发展网络文化，加强优质网络文化产品供给，引导各类平台和广大网民创作生产积极健康、向上向善的网络文化产品。推进文化数字化发展，深入实施国家文化数字化战略，建设国家文化大数据体系，形成中华文化数据库。提升数字文化服务能力，打造若干综合性数字文化展示平台，加快发展新型文化企业、文化业态、文化消费模式。四是构建普惠便捷的数字社会。促进数字公共服务普惠化，大力实施国家教育数字化战略行动，完善国家智慧教育平台，发展数字健康，规范互联网诊疗和互联网医院发展。推进数字社会治理精准化，深入实施数字乡村发展行动，以数字化赋能乡村产业发展、乡村建设和乡村治理。普及数字生活智能化，打造智慧便民生活圈、新型数字消费业态、面向未来的智能化沉浸式服务体验。五是建设绿色智慧的数字生态文明。推动生态环境智慧治理，加快构建智慧高效的生态环境信息化体系，运用数字技术推动山水林田湖草沙一体化保护和系统治理，完善自然资源三维立体"一张图"和国土空间基础信息平台，构建以数字孪生流域为核心的智慧水利体系。加快数字化绿色化协同转型。倡导绿色智慧生活方式。

《规划》指出，要强化数字中国关键能力。一是构筑自立自强的数字技术创新体系。健全社会主义市场经济条件下关键核心技术攻关新型举国体制，加强企业主导的产学研深度融合。强化企业科技创新主体地位，发挥科技型骨干企业引领支撑作用。加强知识产权保护，健全知识产权转化收益分配机制。二是筑牢可信可控的数字安全屏障。切实维护网络安全，完善网络安全法律法规和政策体系。增强数据安全保障能力，建立数据分类分级保护基础制度，健全网络数据监测预警和应急处置工作体系。

《规划》指出，要优化数字化发展环境。一是建设公平规范的数字治理生态。完善法律法规体系，加强立法统筹协调，研究制定数字领域立法规划，及时按程序调整不适应数字化发展的法律制度。构建技术标准体系，编制数字化标准工作指南，加快制定修订各行业数字化转型、产业交叉融合发展等应用标准。提升治理水平,健全网络综合治理体系,提升全方位多维度综合治理能力,构建科学、高效、有序的管网治网格局。净化网络空间,深入开展网络生态治理工作,推进"清朗"、"净网"系列专项行动,创新推进网络文明建设。二是构建开放共赢的数字领域国际合作格局。统筹谋划数字领域国际合作,建立多层面协同、多平台支撑、多主体参与的数字领域国际交流合作体系,高质量共建"数字丝绸之路",积极发展"丝路电商"。拓展数字领域国际合作空间,积极参与联合国、世界贸易组织、二十国集团、亚太经合组织、金砖国家、上合组织等多边框架下的数字领域合作平台,高质量搭建数字领域开放合作新平台,积极参与数据跨境流动等相关国际规则构建。

《规划》强调,要加强整体谋划、统筹推进,把各项任务落到实处。一是加强组织领导。坚持和加强党对数字中国建设的全面领导,在党中央集中统一领导下,中央网络安全和信息化委员会加强对数字中国建设的统筹协调、整体推进、督促落实。充分发挥地方党委网络安全和信息化委员会作用,健全议事协调机制,将数字化发展摆在本地区工作重要位置,切实落实责任。各有关部门按照职责分工,完善政策措施,强化资源整合和力量协同,形成工作合力。二是健全体制机制。建立健全数字中国建设统筹协调机制,及时研究解决数字化发展重大问题,推动跨部门协同和上下联动,抓好重大任务和重大工程的督促落实。开展数字中国发展监测评估。将数字中国建设工作情况作为对有关党政领导干部考核评价的参考。三是保障资金投入。创新资金扶持方式,加强对各类资金的统筹引导。发挥国家产融合作平台等作用,引导金融资源支持数字化发展。鼓励引导资本规范参与数字中国建设,构建社会资本有效参与的投融资体系。四是强化人才支撑。增强领导干部和公务员数字思维、数字认知、数字技能。统筹布局一批数字领域学科专业点,培养创新型、应用型、复合型人才。构建覆盖全民、城乡融合的数字素养与技能发展培育体系。五是营造良好氛围。推动高等学校、研究机构、企业等共同参与数字中国建设,建立一批数字中国研究基地。统筹开展数字中国建设综合试点工作,综合集成推进改革试验。办好数字中国建设峰会等重大活动,举办数字领域高规格国内国际系列赛事,推动数字化理念深入人心,营造全社会共同关注、积极参与数字中国建设的良好氛围。

附录二

数字媒体时代私域流量市场的传播学规律
问卷调查表（企业版）

问卷调查表

问卷编号：

城市编号：

私域流量研究问卷

您好，企业主

为了了解贵公司私域流量发展情况，探索中国私域流量市场传播方式，我们在全国等行业开展这项调查，这是一份纯学术的调查问卷，主要是为了解数字媒体时代私域流量市场的传播学规律。本调查不用填写单位和姓名，大约耽误您15分钟时间。请根据企业情况填写，你的回答将代表行业。调研报告完成后，将发送给您，供决策参考。

感谢你的支持与合作！

总负责人：

联系电话：

Email

5. 您的职位是什么

   A. 创始人/CEO

   B. 增长负责人

   C. 活动/用户运营

   D. 其他

6. 您所处的行业是

   A. 电商

   B. 自媒体

   C. 在线教育

   D. 餐饮

   E. 服装

   F. 快销

   G. 科技

   H. 服务

   I. 其他

二、流量来源

7. 您关注私域流量哪些方面

   A. 关注个人私域流量运营体系

   B. 关注如何做社群变现

   C. 关注如何搭建自己的私域流量池

   D. 关注企业私域流量矩阵构建

   E. 其他

8. 目前面临的公域流量状态

   A. 流量重组

B. 流量一般

C. 流量不足

9. 目前企业私域流量运营中面临的主要瓶颈

   A. 个人号养护

   B. 引流

   C. 社群运营

   D. 产品销售

   E. 现在主要的流量来源

   F. 线上为主

   G. 线下为主

   H. 线上线下比例相当

10. 您的私域流量载体

   A. 微信公众号

   B. 小程序

   C. 第三方平台自营账号

   D. 自有App

   E. 个人微信号

   F. 社群

   G. 其他

11. 影响客户留存的主要原因

   A. 品牌、商家

   B. 自媒体

   C. KOL

   D. KOC

E. 网红

F. 明星

G. 其他

12. 您最关心的私域流量数据是

A. 粉丝访问率

B. 访客转化率

C. 粉丝价值

D. 访客价值

13. 线上流量的主要来源

A. 电商类：淘宝、京东、拼多多

B. 社交类：陌陌、探探、微博、贴吧

C. 种草类：小红书

D. 知识类：知乎、知识星球、荔枝微课

E. 新闻类：美篇、今日头条

F. 短视频：快手、抖音、B站等

14. 线下流量的主要来源

A. 同类型客户群

B. 门店自然流量

C. 点评类

D. 地图类

15. 您的流量主要来源

A. 自有App

B. 社交平台

C. 社区、论坛类平台

D. 视频内容平台

E. 电商平台

F. 内容聚合平台

16. 您的私域流量来源

A. 线上、线下店铺、行业展示会

B. 付费广告引流

C. 自建账号

D. 员工IP化

E. 产品媒体化

F. 品牌、IP本身就是私域流量池

G. 自身裂变

17. 私域流量运营的主要定位是

A. 获客型

B. 转化型

C. 会员型

D. 课程型

三、私域流量运营策略

18. 哪些裂变做法能够提升传播效率

A. 邀请返利

B. 拼团

C. 瓜分红包

D. 其他

19. 使用过哪些私域流量工具

    A. 兔展

    B. 虎赞

    C. 有赞

    D. 微谷

    E. 其他

20. 您目前的用户生命周期是

    A. AARRR

    B. 拉新-活跃-转化-复购-推荐

    C. 引流-裂变-转化-成交-复购

21. 用户进入营销私域的原因有哪些

    A. 享受优惠权益

    B. 被内容、产品吸引

    C. 及时接收消息

    D. 好友推荐

    E. 方便交流沟通

    F. 满足个性化需求

    G. 重视粉丝

    H. 其他

22. 企业的私域流量推广渠道有哪些？

    A. 微信平台

    B. 电商平台

    C. 自营App/网站

    D. 短视频平台

E. 搜索、咨询平台

F. 微博平台

G. 社区、论坛

23. 客户裂变的主要问题

A. 转化率低

B. 留存率低

C. 复购难

最后，谢谢您的参与和支持，我们将尽力做好本项目，为社会做出一份力量。

附录三

《数字媒体时代用户的私域流量动力机制问卷调查表（用户版）》

问卷编号：

城市编号：

私域流量研究问卷

尊敬的受访者：

您好！非常感谢您在百忙之中抽空填写这份调查问卷，这是一份纯学术的调查问卷，主要是为了解数字媒体时代私域流量市场的传播学规律。本问卷采用匿名的方式作答，您填写的答案将不会披露给您本人以外的任何个人和企业，您的答案仅作学术研究的分析之用，不会被用于商业用途。请您根据自己的实际情况回答。

一、个人信息

1. 性别：（　）男　（　）女

2. 年龄：（　）18岁以下　（　）18-25岁　（　）26-35岁　（　）36-45岁

（　）46-55岁　（　）55岁以上

3. 文化程度：（ ）小学及以下 （ ）初中 （ ）高中/中专 （ ）大专/本科

（ ）研究生及以上

4. 职业：_____

最后，谢谢您的参与和支持，我们将尽力做好本项目，为社会做出一份力量。

附录四

焦点小组座谈会定性问卷问题框架

1. 您对数字经济时代中国私域流量市场的认知程度？

2. 您对数字经济时代中国私域流量市场的发展趋势有何看法？

3. 您认为数字经济时代中国私域流量市场传播机制的特点是什么？

4. 您是如何发现数字经济时代中国私域流量市场的？

5. 您是如何获取数字经济时代中国私域流量市场信息的？

6. 您认为数字经济时代中国私域流量市场传播机制的有效性如何？

7. 您认为数字经济时代中国私域流量市场传播机制的优势和劣势是什么？

8. 您认为数字经济时代中国私域流量市场的未来发展趋势如何？

9. 您认为数字经济时代中国私域流量市场传播机制可以改进的地方是什么？

10. 您是否认为数字经济时代中国私域流量市场传播机制具有可持续发展性？

参考文献

[1] 谭铁牛：《人工智能：用AI技术打造智能化未来》，中国科学技术出版社2019年版，第1页。

[2] 谭营：《人工智能之路》，清华大学出版社2019年版，第157页。

[3] 袁飞、蒋一鸣：《人工智能：从科幻中复活的机器人革命》，中国铁道出版社2018年版，第123页。

[4] 周晓垣：《人工智能开启颠覆性智能时代》，台海出版社2018年版，第121页。

[5] 杰夫·霍金斯、桑德拉·布拉克斯莉，李蓝，刘知远[译]：《智能时代——当所有的机器都能学习思考，我们的生活会如何改变》，中国华侨出版社2014年版，第221页。

[6] 约翰·布罗克曼，王佳音[译]：《AI的25种可能》，浙江人民出版社2019年版，第314页。

[7] 尼克：《人工智能简史》，人民邮电出版社2017年版，第211页。

[8] 钟雅琴：《深港台及海外文化创意产业参考》，海天出版社2017年版，第63页。

[9] 李钰靖、王学峰、田丹：《文化和创意产业文献选译》，社会科学文献出版社2018年版，第313页。

[10] 戴安娜·克兰，赵国新[译]：《文化生产：媒体与都市艺术》，译林出版社2012年版，第34页。

[11] 厉以宁：《文化经济学》，商务印书馆2018年版，第384页。

[12] 博妮塔·科布尔，赵子剑[译]：《文创产业创业学》，东北财经大学出版社2018年版，第182页。

[13] 多米尼克·鲍尔、艾伦·斯科特、夏申，等：《文化产业与文化生产》，上海财

经大学出版社2016年版，第89页。

[14] 金青梅：《文化产业项目管理（第二版）》，西安交通大学出版社2011年版，第1页。

[15] 刘秀梅、冯羽：《数字媒体科技传播：创意设计研究》，中国科学技术出版社2020年版，第189页。

[16] 程栋：《智能时代新媒体概论》，清华大学出版社2019年版，第96页

[17] 朴春慧、王正友：《信息技术融合新进展》，武汉大学出版社2018年版，第1页。

[18] 戴国强、赵志耘：《科技大数据因你而改变》，科学技术文献出版社2018年版，第230页。

[19] 刘志明、徐滔、杨斌艳：《中国微传播指数报告2018》，中国社会科学出版社2018年版，第3页。

[20] 张军、何曼：传媒产业无形资产管理，中国经济出版社2018年版，第105页。

[21] 胡玉兰、郝博、王东明：《智能信息融合与目标识别方法》，机械工业出版社2018年版，第5页。

[22] 宋万女：《信息技术应用研究》，中国商业出版社2018年版，第1页。

[23] 司占军、高淑印、王颖：《新媒体技术》，高等教育出版社2017年版，第135页。

[24] 廖宏勇：《新媒体信息架构设计》，西安交通大学出版社2017年版，第1页。

[25] [美]琳恩·谢弗尔·格罗斯[著]、傅正科、罗昕元，等：《电子媒体导论（第十一版）》，浙江大学出版社2017年版，第33页。

[26] 蔡皖东：《网络舆情分析技术》，电子工业出版社2018年版，第119页。

[27] 鲍宏：《产业经济学》，中国经济出版社2018年版，第46页。

[28] 卢莉莉、朱杰飞：《国外产业经济学理论的演进》，《中国集体经济》2011年第31期，第55—56页。

[29] 布莱恩·阿瑟：《技术的本质》，浙江人民出版社2018年版，第29页。

[30] 陶爱萍、汤成成、洪结银：《标准锁定效应下企业创新惰性：影响因素与生成机理》，《科技进步与对策》2013年第22期，第81—85页。

[31] MCQUAIL Denis, Mcquail's Mass Communication Theory (6th edition), SAGE Publications Ltd, 2010:132–139.

[32] 王建军：《现代产业分析：原理、方法、案例》，经济管理出版社2019年版，第285页。

[33] 布莱恩·阿瑟：《复杂经济学：经济思想的新框架》，浙江人民出版社2018年版，第123—125页。

[34] 王建军：《现代产业分析：原理、方法、案例》，经济管理出版社2019年版，第285页。

[35] 徐子沛：《数据之巅：大数据革命，历史、现实与未来》，中信出版社2014年版。

[36] 芮明杰：《产业创新理论与时间》，上海财经大学出版社2019年版，第3页。

[37] 西奥·范德克伦德特：《增长的动力》，中信出版集团股份有限公司2020年版，第108页。

[38] 付晓岩：《银行数字化转型》，机械工业出版社2020年版，第112页。

[39] 朱沛：《实现新兴产业创业成功与高成长的机制研究——机会、创业者、创业阶段、动态能力、资源转化视角》，吉林大学出版社2020年版，第198页。

[40] 郑友敬：《创新与思考》，中国社会科学出版社2015年版，第433页。

[41] 何文韬：《战略性新兴产业动态演进研究》，中国社会科学出版社2019年版，第171页。

[42] 孙少晶等：《"算法推荐与人工智能"的发展与挑战》，《新闻大学》2019年第6期，第1—8页。

[43] 何强：《人工智能在新闻领域应用的新突破——从全球首个"AI合成主播"谈起》，《新闻与写作》2019年第5期，第93—95页。

[44] 娄艳阁：《"AI合成主播"对新闻业态的影响——以新华社"AI合成主播"为例》，《传媒》，2019年第2期，第49—50页。

[45] 埃里克·马丁，张建中（编译）：《新闻记者如何回击深度造假》，《青年记者》2019年第25期，第85—86页。

[46] 戴维迈尔斯：《社会心理学（第11版）》，人民邮电出版社2016年版，第378—

379页。

[47] 刘海龙（主编）：《解析中国新闻传播学2019》，高等教育出版社2019年版，第67页。

[48] 沙垚：《资本、政治、主体：多元视角下的县级媒体融合实践——以A县融媒体中心建设为样本的案例研究》，《新闻与传播研究》2019年第11期，第1—10页。

[49] 刘江涛、刘立佳（编著）：《SPSS数据统计与分析应用教程》，清华大学出版社2017年版，第317—345页。

[50] 风笑天：《社会学研究方法（第五版）》，中国人民大学出版社2018年版，第71—77页。

[51] 郭庆光：《传播学教程》.中国人民大学出版社1999年版，第35—39页。

[52] Culnan, M.J.; &Markus, M.L. Information technologies. In F. M. Jablin, et al.Eds, Handbook of organizational communicaton: An interdisciplinary perspective. Newbury Park, CA: Sage, 1987: 15–17.

[53] [美]斯蒂文·小约翰. 陈德民，叶晓辉译：《传播理论》，中国社会科学出版社1999年版。

[54] 理查德·韦斯特、林恩·H·特纳：《传播理论导引》，中国人民大学出版社2007年版，第25—29页。

[55] 桑吉夫戈伊尔，吴谦立[译]：《社会关系：网络经济学导论》，北京大学出版社2010年版，第220—225页。

[56] 罗纳德·伯特：《结构洞：竞争的社会结构》，格致出版社2008年版，第56—57页。

[57] Denis McQuail, Mcquail's Mass Communication Theory(6th edition), SAGE Publications Ltd: 258–261.

[58] 柏拉图，王太庆（译）：《柏拉图对话集》，商务印书馆2004年版，第45—49页。

[59] 张涛：《新经济 新产业》，中国金融出版社2020年版，第114页。

[60] 黄南：《垄断对中国产业升级的影响效应研究》，中国社会科学出版社2020年版，第14页。

[61] 范如国、罗明、张应青：《复杂网络、演化博弈与产业集群低碳创新研究》，科学出版社2020年版，第15页。

[62] 冉净斐：《新时期产业经济发展的理论与前沿研究》，中国纺织出版社2018年版，第106页。

[63] 聂亚珍、陈冬梅：《产业经济学新编》，中国书籍出版社2017年版，第65页。

[64] 马建堂：《周期波动与结构变动》，商务印书馆2018年版，第9页。

[65] 韩峰：《适应性产业集聚与人口城镇化协同发展研究》，经济科学出版社2020年版，第1页。

[66] 朱沛：《实现新兴产业创业成功与高成长的机制研究——机会、创业者、创业阶段、动态能力、资源转化视角》，吉林大学出版社2020年版，第3页。

[67] 邱玉辉：《数据科学与人工智能研究》，西南师范大学出版社2018年版，第3页。

[68] [美]克里斯汀伯格曼著，孟小峰、张祎、赵尔平译：《大数据、小数据、无数据：网络世界的数据学术》，机械工业出版社2017年版，第3页。

[69] 何渊：《大数据战争：人工智能时代不能不说的事》，北京大学出版社2019年版，第3页。

[70] 程显毅：《大数据技术导论》，机械工业出版社2019年版，第1页。

[71] [美]文卡·文卡查曼著，谭浩译：《数字化决策：运用"数字化矩阵"实现企业转型的系统决策原则》，广东人民出版社2018年版，第1页。

[72] [比利时]蒂埃里·格尔茨著，叶龙译：《数字帝国：人工智能时代九大未来图景》，文汇出版社2020年版，第156页。

[73] 王昀：《理解新媒介：线上内容生产与公共性文化》，社会科学文献出版社2020年版，第159页。

[74] 崔雪莲：《社交网络在线口碑信息传播模型研究》，经济管理出版社2019年版，第37页。

[75] 中国科学院创新发展研究中心、中国信息领域技术预见研究组：《中国信息领域2030技术预见》，科学出版社2020年版，第203页。

[76] 建投华文投资有限责任公司、中央财经大学新闻传播系：《中国传媒投资发展报告（2018）》，社会科学文献出版社2018年版，第317页。

[77] 王方：《数字时代的艺术媒介化》，中国传媒大学出版社2020年版，第45页。

[78] 王学成、侯劭勋：《新媒体技术、市场与规制》，东方出版中心2020年版，第3页。

[79] 王宏：《融媒体实务》，中国传媒大学出版社2020年版，第167页。

[80] 张治中：《网络"意见市场"的失灵与规则》，中国广播影视出版社2017年版，第7页。

[81] 许向东：《数据新闻：新闻报道新模式》，中国人民大学出版社2017年版，第86页。

[82] 尼基·厄舍，郭恩强[译]：《互动新闻：黑客、数据与代码》，中国人民大学出版社2020年版，第51页。

[83] 李本乾[主编]：《未来媒体：机遇与挑战》，上海交通大学出版社2017年版，第42页。

[84] 胡翼青（主编）：《西方传播学术史手册》，北京大学出版社2015年版。

[85] 杨保军：《扬弃：新闻媒介形态演变的基本规律》，《新闻大学》2019年第1期，第6页。

[86] 强月新、陈星：《线性思维、互联网思维与生态思维——新时期我国媒体发展思维的嬗变路径》，《新闻大学》2019年第2期，第4—11页。

[87] 刘建明、王泰玄等：《宣传舆论学大辞典》，经济日报出版社1993年版，第3页。

[88] [法]泰勒尔：《产业组织导论》，中国人民大学出版社2002年版。

[89] [美]尼尔·波兹曼：《娱乐至死》，广西师范大学出版社2004年版。

[90] 董璐(编者)：《传播学核心理论与概念》，北京大学出版社2016年版，第82—84页。

[91] 李开复、王咏刚（著）：《人工智能》，第一版，文化发展出版社2017年版，第25—37页。

[92] 洪鼎芝：《信息时代 正在变革的世界》，世界知识出版社2015年版，第177页

[93] 信息社会50人论坛（编著）：《重新定义一切：如何看待信息革命的影响》，中国财富出版社，第16—17页。

[94] 杨青峰：《信息化2.0+：云计算时代的信息化体系》，第一版，电子工业出版社2013年版，第49—51页。

[95] 高钢：《传播边界的消失：互联网开启再造文明时代》，中央广播电视大学出版社2016年版，第49页。

[96] [英]理查德·萨斯坎德、丹尼尔·萨斯坎德：《人工智能会抢哪些工作？》，浙江大学出版社2018年版，第78—83页。

[97] [英]维克托·迈尔·舍恩伯格 肯尼斯·库克耶：《大数据时代：生活、工作与思维的大变革》，浙江人民出版社，第103页。

[98] [美]费斯克等：《关键概念：传播与文化研究辞典（第二版）》，新华出版社2004年版。

[99] 中国新闻研究中心组织：《传媒批判力》，中国传媒大学出版社2005年版。

[100] 喻国明：《中国媒介产业的现实发展与未来趋势》，《中国人民大学学报》2002年第1期。

[101] 郭建斌、吴飞：《中外传播学名著导读》，浙江大学出版社2005年版，第237—255页。

[102] [美]沃尔特·李普曼：《公众舆论》，上海人民出版社2002年版，第268页。

[103] 刘建明：《当代新闻学原理》，清华大学出版社2003年版，第54页。

[104] Maxwell E. McCombs, Donald L. Shaw. The Evolution of Agenda·Setting Research: Twenty·Five Years in the Marketplace of Ideas. Journal of communication, 1993, 43(2), spring: Pp.58~67.

[105] Everett M. Rogers, James W. Dearing, Dorine Bregman. The Anatomy of Agenda·Setting Research. Journal of Communication, 1993, 43(2),

spring: Pp.72.

[106] Beyer, J. L. (2014, 19 (2)). The emergence of a freedom of information movement: Anonymous, WikiLeaks, the pirate party, and iceland. Journal of Computer - mediated Communication, 141·154.

[107] 王菲：《媒介大融合：数字新媒体时代下的媒介融合论》，广州南方日报出版社2007年版，第138—141页。

[108] 冉华、窦瑞晴：《我国媒介融合规制研究的现状》，《新闻大学》2017年第2期，第102—111页。

[109] 支庭荣：《我国媒体融合发展的内在逻辑与焦点问题》，《人民论坛·学术前沿》2019年第3期，第6—14页。

[110] 彭兰：《智媒化：未来媒体浪潮——新媒体发展趋势报告（2016）》，《国际新闻界》2016年第11期，第6—24页。

[111] 赵云泽：《媒介融合的逻辑起点、实质及可能归宿》，《人民论坛·学术前沿》2019年第3期，第47—53页。

[112] 李鹏：《智媒体：媒体融合转型新阶段》，《传媒》2019年第4期，第12—13页。

[113] 裘新：《未来已来，相信未来——创造上海报业改革新传奇》，《传媒》2019年第4期，第22—28页。

[114] 郭全中：《智媒体发展三大新趋势》，《新闻战线》2019第23期，第36—38页。

[115] 郭全中：《主流媒体短视频的布局与关键》，《传媒》2020年第11期，第14—15页。

[116] 周成华、文远竹：《从"相加"迈向"相融"——广州日报报业集团媒体深度融合发展实践》，《传媒》2018年第4期，第65—67页。

[117] 郭全中：《智媒体：媒体融合集大成》，《南方传媒研究》2019年第3期，第113—122页。

[118] 肖婧为：《区域媒体的融合转型之道——以佛山人民广播电台的实践为

例》，《中国广播》2019年第6期，第56—61页。

[119] 李燕萍：《佛山传媒集团资源整合初探》，暨南大学学位论文2005年，第51页。

[120] [法]雷吉斯·德布雷：《普通媒介学教程》，陈卫星、王杨译，清华大学出版社2014年版，第18页。

[121] 方兴东、钟祥铭：《中国媒体融合的本质、使命与道路选择——从数字传播理论看中国媒体融合的新思维》，《现代出版》2020年第4期，第41—47页。

[122] [美]保罗·莱文森：《人类历程回放：媒介进化论》，邬建中译，西南师范大学出版社2016年版，第149—150页。

[123] 冯上斌、梁婷、曾伟荣：《佛山传媒集团：集成内容和渠道的跨媒体运作实践》，《中国记者》2013年第9期，第40—41页。

[124] 窦希：《全媒体时代，"醒目视频"如何出海？》，《佛山传媒探索与研究》2021年第1期，第12—14。

[125] 《求是》编辑部：《媒体融合：用得好是真本事》，《小康》2019年第10期，第23页。

[126] 彭兰：《智媒化：未来媒体浪潮——新媒体发展趋势报告(2016)》，《国际新闻界》2016年第11期，第6—24页。

[127] 匡文波、高钰辰：《媒体深度融合，技术发挥哪些作用？》，https://mp.weixin.qq.com/s/rbKWJD_bapDHgbfckZ6_Pw，2020-12-20.

[128] 第47次《中国互联网络发展状况统计报告》，http://www.cnnic.net.cn/hlwfzyj/hlwxzbg/hlwtjbg/202102/t20210203_71361.htm，2021-02-03.

[129] 朱丹：《教育类出版社基于私域流量的新媒体书院搭建及运营——以华东理工大学出版社为例》，《科技与出版》2019年第11期，第27—31页。

[130] 杨铮：《后疫情时代我国出版直播新业态发展进路》，《编辑之友》2021年第3期，第35—40页。

[131] 吴锋、杨晓萍：《新媒体环境下出版业私域流量的引流、留存及流量转

化》,《出版广角》2021年第15期,第15—17页。

[132] 冯志强、祁蕊、陈景辉:《基于新媒体矩阵的出版机构私域流量搭建》,
《出版广角》2021年第15期,第22—25页。

[133] 张茂、康宏:《出版单位运营私域流量的思路、架构和策略》,《编辑之
友》2021年第8期,第45—50页。

[134] 佘世红、杨锦玲:《营销4.0时代出版企业私域流量的渠道建设与运营策
略》,《出版发行研究》2021年第8期,第28—32+16页。

[135] 刘国华、张鹏:《网红经济:移动互联网时代人与商业的新逻辑》,新世界
出版社2017年版,第3—10页。

[136] 姜开成:《引爆流量:微信小程序运营与推广》,清华大学出版社2022年版,
第10—14页。

[137] 吴学刚:《微信营销36计:从0到1教你微信营销的工具书》,云南人民出版
社2021年版,第67—69页。

[138] 水青衣、焱公子:《引爆IP红利:从0到1打造你的超级个人IP》,中国友谊出
版公司2022年版,第163—167页。

[139] 钟二毛、佐强:《玩赚微信视频号》,中国铁道出版社有限公司2021年版,
第22—26页。

[140] 周艺文、方明:《短视频新时代红利重构》,电子工业出版社2022年版,第
23—28页。

后 记

如果仔细地读，您会发现，这是一本与你距离很近的传播学入门书。传播学真心是有趣而且有用的学问。

从人际交互而言，为什么我们觉得真心对他人，对方却不领情？为什么说话总是得罪人？如何在职场上读懂对方的话外音？而从人机交互而言，碳基生命与硅基生命究竟是谁创造了谁？为什么算法能够"读懂"你的心？如果说2G时代的商业机遇集中在短信电话渠道、3G时代互联网机遇在社交软件、4G时代短视频井喷，那么在5G时代，真正的"国民王炸应用"会是什么？想知道答案吗？是时候学点传播学了。

在本书中，我将会引领你自己考察个体在关系建构、意义交换中的积极作用，让你洞察自己，进而帮助你批判思考你自己司空见惯的人际交往、人机交往行为背后的意义。

这本书是写给谁看的？我明白，大多数学科之外的人，可能对传播学的研究对象和研究范式并不感兴趣，而是想知道它将如何指引我的生活。这将是一本最轻松的学术书，同时也是具有学理基础的实操指南，提供一种新的视角。这本书教你像传播学者一样思考，对人际传播的编码解码过程保持觉察，让你不被别人套路。

传播学好玩，日常司空见惯的消费者与销售员其实就是受者与传者。消费者学会了对说服保持觉察，而销售员可以学习如何快速成交。

传播学好玩，我们本来是要和好的，但是为什么会吵起来，我们接下来就会探讨人际传播是怎么走形的，信息是如何被误解的。

传播学好玩，沟通的背后是有技巧和原理的。想不想知道如何在别人意识不到的时候，就能够参透他的想法，教你一眼看穿他/她的心。

传播学好玩，传播学者研究的是具体案例，但思考的却是根本问题，未来的人才需要具备什么传播能力和素养，我们如何应对不确定的未来？

传播学好玩，传播学的本质是探究信息的流动，信息流动方式已经发生根本转向。未来已经近在眼前。生成式人工智能的发展使人工智能技术一跃成为第四次工业革命中发展速度最快、影响最大的创新之一。有人甚至预测，从创造到生产和分销，人工智能对全球价值链的影响堪比工业革命时期的"蒸汽机"。

品牌进行精细化运营的情况下，首先需要拿到更多的用户数据，而用户原本都是在公域范围内，在变成私域过程中，可能与媒体形成相应的博弈关系。随着数据安全规则的不断强化，博弈关系也会变得越来越尖锐。私域崛起的背后，是企业的增长焦虑。新消费品牌必然提供新的商类，或针对旧有品类进行迭代升级。品牌现在走到了存量竞争时代，传播碎片化，传播的成本越来越高。手机流量是移动互联网的水、电、煤，是基础设施。目前对流量市场的讨论处于初级阶段，文章多谈实践应用，很少上升到理论高度。这是一个研究的空白点。本文从产业经济学视角，具体梳理信息流各渠道内部资源整合情况，从经济学视角为流量市场的发展进行前瞻性预测，对媒介经济学是一种发展和丰富。

本书采用理论建立的探索性案例研究方法，因为研究领域属于传播学和通信工程交叉学科，迄今没有传播学和通信工程学者从学理角度深度探索过私域流量公有化和公共流量私有化的现象，现有理论不足以解释，需要新鲜的解释观点。本文力图在以下三方面进行理论创新：

首先，通过私域流量小缺口研究数字时代媒体技术对媒介经济的宏观影响和运行规律。物联网、人工智能和云计算等技术给媒体行业带来了翻天覆地的变化，媒介形态也因新技术的诞生而呈现出多样化。对流量市场的研究，有助于理解人工智能时代媒体产业的运行规律。

其次，对媒体盈利模式进行创新性总结。流量市场是第四次科技革命引发的数字时代的媒体继收视费、广告之后新的商业模式和财务模式。在数字时代,媒体被当作"零食"而非"主餐"进行消费。由于人们逐渐愿意为信息付费,媒介生产的成本降低和数字通信渠道使用便利性提升,媒体无处不在,信息传播的主体也无处不在。例如,由于电视制作的成本大幅降低,任何人都可以轻而易举制作短片并进行传播,数字渠道让发布信息变得容易。用户渴望互动和表达自己,让私域流量有了公共传播的属性。

最后,将对消费互联网和工业互联网的思考延伸至数字时代社会治理层面。流量市场的治理正成为智能社会面临的现实问题,而要制定出可行的治理方案,需要建立在准确把握媒体技术的社会影响基础上。需要把对传媒领域流量市场信息传播机制的分析,最终落脚于对媒体技术社会效应的剖析与阐释,并延伸至对数字时代社会治理方式的思考上。

现有研究仍有不少不足和挑战。流量市场已经形成并且在快速演进过程中,在供求关系上符合经济学的基本规律,同时因为交易对象为无形的注意力和信息,所以具有独特的规律。目前该题目的主要挑战在于:一、关于流量市场的研究文献较少,已有文献多为报道和研究报告,几乎没有理论化研究成果;二、流量市场在4G消费互联网时代和5G产业互联网时代有鲜明的区别,本文侧重于5.5G与人工智能时代流量市场的前瞻性研究,具有不确定因素;三、国内数据交易市场尚未成形,研究数据来源和法律依据不足。笔者将采用焦点小组座谈等定性研究方法,辅助数据为基础的定量研究方法。

本书指出传播关系的不平等来自信息不对称,信息的层级管理也有科层制的特点。本研究严格遵循"归纳事实、理论分析、提出假设、实证检验、政策建议"的分析线索。在产业经济理论、人际传播学理论、集聚经济理论、新经济一般均衡模型等的综合视角下构建中国私域流量市场信息传播分析框架。研究设计采取问卷分析方法,对朋友圈、短视频、微信公众号、企业App等的私域流量现象案例进行分析,以期对新的解释观点进行探索,并达到运用复现现有一般理论的目的。本文拟通过文献研究、调研访谈、案例分析和数据分析等方法进行研究,对数字时代技术影响私域流量市场的信息传播机制进行深入探讨。

一是文献研究。围绕课题查阅相关中外文献，梳理国内外私域流量市场发展现状，前期研究成果，把握业界和学界的最新进展。

二是调查研究——调研访谈。选取国内正在通过个人微信公众号、企业微信公众号、个人视频号等社交账号进行私域流量经营的个人、媒体和企业进行调研，发放总加量表和李克特量表问卷调查，并访谈相关人员，获得第一手资料，直观地了解私域流量的经营与周期波动情况，自变量为职业、年龄、收入、性别、传播动力、传播技能和传播时长，因变量为用户规模和商业价值。并结合"私域流量市场中，用户性别比例、年龄分布、传播动力、传播技能、传播时长等变量与流量市场分配相关"的假设进行深度分析。

三是案例分析。剖析典型个案，形成对共性问题的认识，以案例正式理论，以理论指导实践。

四是利用文献的定量研究——内容分析。本研究将系统整理流动人口动态监测数据和中国媒介产业动态调查数据等微观数据进行实证分析。数据主要包括等方面信息：搜集整理的媒介产业动态微观数据与宏观信息进行匹配，进一步得到能够用于计量估计的样本数据，对流量市场进行分析。

传播学需要想象力，大牛麦克卢汉没有工稳的论文，天马行空地提出"媒介是人的延伸"，形式的轻松并不妨碍他成为一代宗师。

传播是如此有趣，以至于我在南开学习了新闻学本科，在北大学习了传播学硕士之后，一头扎进新闻行业十年之后，仍然想回到校园，来武汉大学新闻与传播学院完成博士学业的学习，同时希望把我对这个学科的有趣想法总结出来。虽然从事媒体也就是大众传播的工作，但是我对于人际传播学产生了巨大的兴趣，而人际传播恰恰是组织传播和大众传播的基础。

一次大数据统计，我发现自己平均每年发表超过58万字的新闻的时候，我突然有了想写一本书的想法。嘿，为什么我不能写点自己真正感兴趣又能帮到别人的东西呢？

好，让我们以本书作为起点，共同开启想象力，欢迎继续探讨传播学。